U0061988

歎世界

Carbon World

歎世界

編者：兼言

出版社：Ego Press Company

香港紅磡鶴園東街4號恆藝珠寶中心12樓1213室

http://www.ego-press.com

書籍設計：Edith Cheung

發行：香港聯合書刊物流有限公司

香港新界大埔汀麗路36號中華商務印刷大廈3字樓

印刷：新世紀印刷實業有限公司

香港九龍土瓜灣木廠街36號聯明興工業大廈三字樓全層

版次：2018年2月第1版第1次印刷

978-988-14841-2-3

Printed in Hong Kong

目 錄

前 言

讀者不棄，筆者不才，此書正是一心為你們寫的。
也是對IPCC及無數專家學者多年來的努力研究及他們
嚴謹的科學態度致敬。

歎與碳的關係，天一般高的問題，地一般厚的趣味，不只
街坊大眾樂於知道，更且有權知道。

緣 起

由揑世界到「歎世界」得來不易。以一般人類學家推算，現代人類存在至今還不過二十萬年。這樣一個「歎世界」遲不來，早不來，我們可算生逢其時。

講世界，哪裡輪到筆者置喙。這裡與街坊讀者講世界只能淺說，輕談。雖然是大道理，把它斬件細嚼，有何不可？或會更覺趣味。歎世界之所以是歎世界，完全在乎一心，這是大家都知道的。但單單心想而沒有實際相輔相成，終究不成。到今天全世界的人民都緊密團結在歎世界的精神之下，箇中情由更是充滿詭異而富娛樂性。而背後附帶的警世意味——當然談不上警惡懲奸——但很多人可能認為是更重要。

以「歎世界」為餌，挾洋名「Carbon World」自重。明眼人一看便知，

如何逃過香港人的法眼。有嘩眾取寵之嫌，實屬無奈。中英語文相遇而音義相諧者不多。這裡「歎世界」與「碳世界」不但音相諧，義相關，而且因果緊密，相關深遠。又有誰料到，在中國嶺南一帶，那群「頂硬上」要「搞掂」之徒口語中有如此一傳神的口頭禪。 說作天意巧合或許更為貼切。

「歎世界」一詞，源出何處，請恕筆者學淺無力深究。其意約略與享受相同，但以意境取勝，想是與嶺南民風有關。特別是廣州及受其影響的地區，或通稱廣府。其詞口語化，言者朗朗上口，俏皮抵死之情溢於言表，在濃厚市井氣息中富灑脫之情。慨歎世界，人所欲也。以往「歎世界」一詞略帶負面，常用以責備別人懶隋。它儼然是老板專利，貪圖逸樂，一般人也爭相以此勸誡後輩。言者多暗自希望自己歎晒，旁人不應貪圖逸樂。又有人以此言苦口婆心告誡後輩做事態度。唯一共通的是各人都以謙卑熱切之情希望自己不久可歎世界。今天的香港及中國可不再「抱殘守缺」了，力追世界標準，力追歎世界，視作理所當然。有能者皆以撈世界、歎世界為己任。濫用之情，盡失「歎世界」之雅意。時至今天，「歎世界」也被視作是高生活質素之同義詞。其實，「歎」更富內涵而溫馨通俗，若非粵語之玄妙，哪能捕捉箇中精髓。

粵諺有云：「錢是搵嚟使，世界造嚟睇」。用來形容今天這個花花世界最為貼切不過。不久前，世界還是很自然，甚至有點灰暗。這個花花世界是真的由人一手一腳造出來的。更有趣的是：東西方皆有文明古國，但這個花花世界偏偏不揀文明古國，而在榜上無名的歐美誕生。科學大躍

進、工業革命、消費主義等等都是在那裡爆發，從而形成今天這個花花世界。而它所服務的對象也不斷擴大——四肢五官健全的，早就整裝待歎。就是眼耳四肢有缺陷的，不論天生與否，多有設備儀器助他們參與這個世界。跛的、有氣無地抖的，駕著輪椅、架上靈活的呼吸系統，同樣可以逛街、買餸。所患的視聽頑疾，設備儀器使之不斷大事化小，成為小小不便而已。對此，宗教界、學術界各有解讀，有趣熱鬧得很。但這些界別所談論的大多忽略人民革命和社會價值革命，更從未見有論及鬼婆（老外）兼營副業的深遠影響。這便不能不從她們的破爛碗碟，破爛衣裳說起。

世上萬物好像從開始便是為人而設。人類走出穴居野處之後便大加應用。不受人們應用便是「冇用」、沒有「價值」。十多萬年後，生存處境仍然好不了多少，粒粒皆辛苦、汗流夾背才僅可糊口。誰來代勞，找了千百年，終於以碳代勞。但需賠上環境作代價，二百年間代價已很沉重。

今天人們都明白應該對花草樹木愛惜，維持雀鳥走獸及各生物的生存條件對人類的福祉都有好處。千百年來，帝王及其統治階層一直壓迫人民：田地魚塘只能向官宦人家或富貴望族租用；山林中的花果樹木卻不能任意採摘、砍伐，狩獵亦是如此。這樣大力壓制平民百姓盜用山林池澤，卻帶來意外的效果——推遲人為導致的氣候惡化數百年，甚至數千年。歐美國家近年剛剛整頓了一點，但落後國家卻逐漸填補了他們的工業位置，繼續以更廣泛更快的步伐破壞下去。

與「歎」相比，碳（carbon）不但一片漆黑而且苦澀乏味。你看近年來志士仁人學者經年的努力鑽研，揭露碳對氣候惡化的影響，未來一片灰暗。雖然與「歎」關係密切，與世人存亡尤關，但多是正襟危坐的事情，勢難作日常談話之資，更遑論引發大眾關切之情。因為引出來的盡是有關污染、地球生態以至氣候變化引致的災難。未免苦澀乏味，單是聽到也使人煩厭。

碳本是人類最佳幫手，任勞任怨，從無怨言。時至今日，不是碳本身反抗，只是天理不容。首先是大氣層，以無形無相宣示：你們超量排放CO_2，我們只有順應自然，多吸太陽熱量。不珍惜碳，大量排放的後遺症，便是今天各國科學家面對的迫切問題。海洋吸碳的限度多少？吸熱又如何？吸碳過量會否吐碳？海洋也熱脹冷縮，誰將被淹？北極融化，與我何干？但浸了中國沿海或任何人的家園便起紛爭。叢林荒野的砍伐開墾，乃人類餬口所賴，千萬年來如是。今天卻成千夫所指，難道今天便不用餬口嗎？

用碳已成為天大的問題，也就順理成章的複雜。因為它所概括的領域也最為廣泛，由人文科學至自然科學皆有所涉及。歎世界與否，都在一念之間。個人意趣、社會價值、人心勢態、工商業的取向、科技所促成的生產模式都只是形成問題的一方。各類工商業產生的過程中所隱伏的症狀便有賴科學的探究。問題的急切性和如何解決這些問題，便有賴人文與科學家的共同努力。近數十年，科學家的努力已大致確定問題產生的過程及症狀，其結果皆現在前或已逐漸呈現。但至於如何解救，卻沒有

像研究問題產生過程及症狀那樣一致。

歎，自然要付出代價。樣樣都貴，而且越來越貴，此乃天理，我們卻常常認為是豈有此理。我們也可八卦一點，看清真正的代價。我們付出的只是金錢代價。照廣告說，還時時可買到超值產品。雖是廣告，但也沒有錯。其他隱藏的代價還未清算，可能不知，也可能是置若罔聞。現在只是慢慢浮現，越來越多。這裡我們可跟他們看看，通常要到付出慘重代價的人叫苦時，才受世人注意。

新的環保產品、生活新意不斷面世。政府應對環境問題的方針、措施也時有所聞。各國政府更一反慣例，由衷合作。然而在今天全球一體化的時代，隱藏的代價也一體化。也就是說：一、二百年前未付的隱藏代價，或你現今在發達地區未付的，全球人類將要一起付出。天國將近，到期找數了。最顯著、最深遠的首推二氧化碳（CO_2）的排放。二氧化碳，固然是全球性的環境問題，也是國際間的問題。一、二百年前積累下來未付的賬，今天結賬。但國際間沒有人爭埋單，又沒有廣東人「畫鬼腳」的遊戲慣例去決定結賬的比例。各自認定對方應付大份，還理據十足似的。但誰先吃虧？誰肯吃虧？依人類社會自然規律：最有辦法之人，最不肯吃虧；最冇辦法的人，破壞力最弱，但所受破壞卻最深，討價還價時多被公推為吃虧盟主。

我們不妨認識多一點關於這一當世最嚴峻的問題。由二氧化碳的來龍去脈，到氣候惡化（不是暖化咁溫馨），這些問題是否可以避免、如何面對

或適應等等。瞭解多了，或許我們也產生了自己的看法，甚至勝過那些各國領袖或領導人也未定。

本書所談的只及常識，尚不能及專家們經年鑽研所得之皮毛，是個人日常對有關問題的關注，以學者專家們研究所得為依據。他們經年努力，令人敬佩，但研究所得卻令人望文生畏，得不到普羅大眾的讚譽，實是可惜。他們從不同領域探討碳對世上萬物的影響。老實一點說，若不關人事，我們大可以以「關人」態度待之。

但不幸得很，事關重大。所及範疇不再單是物理、化學、生物等。碳的來龍去脈只是起點。二氧化碳（CO_2）及地球升溫只是衍生而來。私家車所排放的廢氣最為人詬病，砍伐樹林開墾耕地，增加電力供應也都成了問題的來源。研究氣候、雨量、江河海洋、高山深谷、人類存亡等等問題令人目眩。這些問題令人望而生畏，不敢接近。哪裡像談論山水有相逢、金木水火土相生相剋、陰陽調和來得親切有趣。其實既是關乎存亡，自然應該是街談巷議的事。不論真民主、假民主，欲知人民意願，皆以街談巷議始。

我們由歎世界講到碳世界再講它所引起的後果。鍾情於趣味與娛樂性的大可在前半部暢遊一翻。由一盅兩件起，輾轉中外，穿越古今，淺嚐世界各地的人如何活在當下，面對世界。在一片捱世界聲中，竟然有一小撮之中的一小撮人在優遊自得，在發掘奢華的領域時卻不遺餘力。又把情懷大力推展，甚至把其中的聲色無意中（或很不願意下）下放至全世界。

久候多時還未見有識之士撥冗執筆示眾，誠憾事也。作者不才，赴義犯禁，以貧乏所見所聞，行不文之文，或能減卻一些苦澀之味並希望藉此拋磚引玉吸引坊眾及國人注意，共襄關切。

與坊眾有緣在此一聚片刻，雖是拾人牙慧，實乃不吐不快而矣。承蒙垂注，但見錯漏謬誤，請不吝賜正，是我跟查中未及學者們之嚴謹而至疏漏，懇請見諒，與人無尤。跟坊眾一樣，總想增廣自己的常識以作閒談聯誼之用，這未嘗不是一樂。若能引至眾人關注，提高警覺，更是港人幸甚，世人幸甚。

論
歎

論 歎

古今中外，國際間的瓜葛，癥結都在求同存異的失敗，動輒互相劍拔弩張。但對追求舒適享樂的一致是毋庸至疑。但世人偏偏避而不談。

我們要談起來，自然要從香港的八十年代開始。八十後的一代，是適逢其時，躬逢其盛。中國之大，經緯縱橫，古今以千年計。香港身處邊緣，政治上受邊緣化，哪能擔當如此一個劃時代的焦點。但香港正是中英求同存異失敗的結果。據英方的看法，貿易有理；中國認為國家有權，包括禁止鴉片。今天世人都認為自由貿易與否都不應包括鴉片之類的「商品」在內，最低限度在表面上。

香港畢竟誕生了，身處邊緣，孕育過程也不盡相同。二次大戰後，國共兩黨相爭之下，香港人以死裡逃生的精神在平穩的彈丸之地中拼搏，漸

次繁榮富裕。短短二、三十年間，衣食及生活各方面的用度不斷豐富起來。物質豐富後，勤儉克苦的精神卻漸被遺忘。食好着好，載歌載舞當然沒有錯，並很快受到社會肯定。各階層自有不同之憧憬。

> **少做工夫，多歎世界。** 金庸／明報社評
>
> **多做工夫，多歎世界。** 黃霑／專欄作家

這是七、八十年代，香港文化界所捕捉到港人的心聲，富香港文學特色，名家手筆。可說有四言律詩板眼，動詞相應，名詞相呼，沒有刻意高調，也不落俗套。盲字不識一個的，也看得明，令人肺腑頓開，非出名家何乎？其實盲字不識一個那群，如街尾駝背仔個呀媽，早就認識這套做人道理。但只有出自名家之筆墨才受人傳誦。是我們香港人對多歎世界，愛歎世界的鐵價不二，海枯石爛的情誼。問題只在「少做」抑或「多做」。

> **…✗＃※喇媽，你就歎得過！** 販夫走卒／市井
>
> **…這回就火燒旗杆，長碌（歎）！** 街坊父老／街頭巷尾

更富廣東內涵的香港特色，一看便知是無產階級之言，亂雜無章，自然不見經傳。偏要經傳不可的，這裡可引十九世紀美國經濟學者佐治亨利 Henry George 所說：「The fundamental principle of human action...is that men seek to gratify their desires with the least exertion.」大意說：基本上，世人都想只需吹灰之力而可大大滿足一切欲望。不算長篇大論，但未免囉唆一點。若論文字功力，立見高下，但同樣是自表肺腑之言。百

年後的博士論文中才抽絲剝繭來分析，並指出當時（今日）香港的文化思想的奧祕。大部份人士對歡的渴望。有時覺得可望或可及，有時又好像可望而不可及，更遑論認識歡為何物。

大概人之愛歡是鋼鐵定律。今天你和我及其他很多地區廣大民眾都可或多或少歡到世界。昨天又如何？好像從無專文論述。自古的好文章只有兩種：文以載道是其中之一，另外一種便是歌功頌德。而我們在學校所接觸到更是文以載道那一種，令人讀個死去活來，最後還是不及格收場。風花雪月的當然與「好文章」沾不上關係，兒童不宜。其實歐美也不列外。《查泰來夫人的情人》（*Lady Chatterley's Lover*）乃歐美經典禁書，自上世廿年代在英國一直被禁（上流社會的人自有辦法睇到），在法庭上擾攘多年，至六十年代，連Beatles咁離經叛道也可「毒素」橫流了，才被解禁。所謂解禁，就是窮人版也可合法公開售賣。

說回來。雖是文以載道，仍有點滴可尋，其中便有：

世人多愛牡丹，晉陶淵明獨愛菊。　　　　　陶淵明，晉，詩人

牡丹乃花之富貴者也，近賞遠觀皆宜。豐滿，嬌艷欲滴，單是觀之已令人陶醉，眼睛吃冰淇淋似的，可以昂然踏入歡的行列。顯然陶公所指乃士大夫，帝皇恩賜的權貴階級。不慌不忙中點出時弊。士大夫及權貴所追逐的事物，平民百姓自不例外。古時農奴社會，明知是可望不可及，平民百姓還是渴望富貴，豐足的生活甚或踏入幻想歡的境界。

萬年期待共此時

由捱世界到欷世界不一定順序而來，不是辛勤數十年後的必然成果，也不是父祖輩遺下的產業所至。人生在世，本來就是捱世界，天命所至，信什麼宗教也保不了你。就是一百年前，有得捱，可以活命便算是好運，中外如是。過去千秋萬代始終一代傳一代捱下來。也不知哪裡來的造化，這二百年來漫無目的的摸索，竟然營造了「欷世界」那無邊浩繁的條件。等了二十萬年，此其時了。

又或者是天命所至。人的世界原本就是欷世界。科學證明人類就是與眾不同。天下萬物之中，猿猴與人最接近。基因研究證實，人與猿猴的基因有98%以上相同（不是相近）。這點點不到2%的分別就是人的優勝所在。運用工具、經驗儲存應用，可以思前想後，又可花言巧語或沉默寡言等。猿猴是公認最聰明的動物，在工具一環也只限雛形。其他如鸚鵡、海豚等的語言更加不能與人類同日而語。這些優勝的地方就使我們終於走出活命求存的階段。一萬年前，經過十九萬年不停的跑我們只是走出山洞。還想到有明天，要搵食，天天都有明天。最好有隔日糧，不用跟獅子老虎搏鬥。終於耕種就在盲打盲撞之下摸出來的。避開豺狼虎豹，揀豬牛羊雞鴨來養，大概因為不用捨命搏鬥。沿著這個方向跑，經過嫘祖養蠶取絲、夏禹治水、文藝復興，世界各地聖賢一個又一個出世等等。又跑了九千九百年。終於認識有權豐衣足食，踏入豐衣足食之後發覺前面原來就是傳說中的世界——欷世界。

就是這樣，全人類在共有的一體化下，在天文數字的年月中以不同形式捱世界。但今天是否是捱世界的尾聲？為什麼不在一千年或九千年前結束？世界末日，人所共怕，但這樣一個「捱世界的末日」，肯定全人類會一體化的瘋狂擁護。是否真的「捱世界末日」快將來臨，難說得很。但越來越多人皈依，忙於悔改，從新做人，另闢世界。他們勇於悔改之情，令宗教人士羨慕不已。早期人類不知有否期望過這樣一個世界末日。若有的話，太漫長了。一般人類學家推算，以原始人類，智人——Homo sapiens（古希臘文中Homo是人，sapiens是智識）的出現算起，約175,000年。能目睹這樣一個「捱世界」末日，八十後的一代可算生逢其時。

八十年代絕對是把世界照亮的時代，最少是在中國。二次大戰之後，四、五十年代是休養生息的時代。不用再在炮火中逃命，還可停下來歇息一下。一時「添丁樂，共此時」之風吹遍全球。所生的一代，西方稱為「baby boomer」，傳神得可以。讓人聯想到由街外到房內。男女大人在房內努力，赤身露體的幼童周圍走。那時做父母的還是滿腦子捱世界的精神。勤奮向上，抵得諗（肯吃虧）是當時的處世態度。為的就是希望「得救」，「得解脫」。那就是擺脫捱世界。歎世界的良知始終沒有泯滅。真正發揚光大的還是八十年代。

八十年代是中國開放後的第一個十年。每個香港家庭都深深感受到國內開放的影響。國內親友都以香港為天堂。要也有也，收音機不要，回鄉探親不再背負衣服鞋襪、油糖豆麵，改帶電視機、冷氣機。如假包換

的肩負着喚起那份「良知」的責任。那絕對不是妄自尊大。那年鄧小平特意南巡到深圳遙望香港，你以為他老人家是無聊還是空跑一場。他大可以到廈門遙望台灣，又或者到珍寶島，隔江揣摩當年的國師友人——蘇聯，列寧‧史太林之鐵腕（不是鐵飯碗）統治，朝鮮的封閉也有值得他老人家羨慕之處。香港人秉承嶺南文化，但較為富裕，對「歎」自有獨特的演繹。香港雖是華洋雜處的地方，但其文化也不盡是抄襲，而是不知不覺中塑造成香港獨特的歎的文化。

廣東人的輕歎入門

我們香港人，廣東人，以前在六、七十年代，許可的話，晨早上茶樓一盅兩件夾份報紙、名曰歎茶，這便是歎的入門。最好是點心車源源推過，高聲叫賣，讀起報來特別悅耳，趣味盎然。偶然合胃口的，便隨心點一款起兩款止，稱作「點心」，應用於嶺南這片飲食天地不愧是天作之詞。茶樓點心精巧外，還要每週不同款式。稱作「星期美點」。茶客得到伙計為己開茶遞水倒深覺一份情緣。時至今天仍然有伙計能客串與茶客對機漫談。只是不復見到伙計們左右開弓兩耳插上茶客報上的香煙，這是茶客們回報伙計知遇之恩。

歎茶。飲茶歎報紙是最民族大同（外省大兄，廣東國語叫作「撈鬆」，

很快便受同化）之表現。達官貴人好，販夫走卒好，皆可歎之，豐儉隨意，要歎多久，絕對任君選擇。何時入座、埋單，價錢一律（茶樓老闆不會在時段上斤斤計較）。有人慢步瀏覽，有人細心閱讀，更多的是好讀而不求甚解的那一族。總之，勝在隨意，樂在其中。點心推過時或大聲叫賣時，不慌不忙，耳聽或隨意眼尾掠過，擇善而從。箇中之趣，勝在從容，說是昂然進入「歎」的門檻實不為過。在這如此有限的空間和時間內，開拓與自己脗合之天地。與今天的「服務周到」的意趣大大不同：一個是給人代勞，一個是可以隨意。

歎茶是街坊大眾都可望可及的生活。三餐茶兩餐飯是嶺南人士對歎稍有認識的生活。那時，時間過得優遊自在，一日仍然是二十四小時，分秒也沒有增多減少。但時間不會迫人。時間是一分一分，一秒一秒的過，安安份份不會爭先恐後。「光陰似箭」只是文人雅士筆墨上的玩意。五、六十年代時，電話已開始普及。冷氣已經開放，但只限一些較高級的公司及酒樓才有。放工後，各人乖乖的回自己溫暖的家庭。同樣是三十幾度的夏天。時間的速度是可以容納三餐茶兩餐飯。三餐茶是指晨早，下午三時左右的下午茶和晚上的夜茶宵夜，性質相同，氣氛稍異。茶過三巡之後，那天便可完滿結束。今天生活節拍不同了，加上世界性的影響，喜好各異而多方面。酒紅燈綠，紅酒登場，歎其兩杯，舊雨新知，歎聚吹水有之，自斟自飲有之。場地卻也大異其趣，不再在茶樓磨，改在酒吧蒲。唱歌吹水中，倒也能體現歎世界時輕鬆閒逸之效。

酒吧之為物，自然是歐美產物，由來已久，絕不時尚，卻是他們社群的

生活傳統，吹水外，也可以是男女互相溝通之所，就是身處他鄉也矢志不移。戰後，五十年代開始，美國水兵駕到，酒吧才開始在灣仔海傍一帶驀地湧現。那時是百廢待興的年代，酒吧行業倒也養活不少人。他們飲酒外，也帶吧女上街或上房，所以被視為是不光彩的行業。有酒吧自然有「吧揮」（bar fight），沒有「吧揮」，怎算酒吧，這是酒吧文化不可分割的部份。修養好一點的，喝了兩杯，只在街上大叫大嚷。否則，為了爭女，天然的碰撞、口角，由吧內打到街外，眼黑面腫才算盡興而散。總算為那天畫上句號。

七十、八十年代，負笈海外的一群陸續回港。不少人緬懷大學校園周邊風光，週末在酒吧外輪候入場，學府風味濃厚，就是平時勤於曠課的也不缺席。回港後能再續前情，使酒吧從此扎腳香港，普及起來繼而全國。然而這些海歸派卻沒有引進打鬥這一瓢，算是擇善而從的表現，未忘負笈時父兄老師的教誨，好讓他們釋懷之餘，又可使歎世界時多一項選擇。

歎與享樂是否乃同一件事？箇中異同不知有否專書論述。

世人講飲講食。人人都知衣食足然後知榮辱。是不是飲食好然後知歎。自古以來，殘暴的統治者都是沉迷於享樂。所謂享樂也不過是酒池肉林，聽個名稱便知是無限量供應。大碗酒大塊肉，有如山寨王做了單大買賣。是否精美稱心卻沒有怎樣交代，但大概已達到享樂的標準。

廣東人崇尚飲食，塑造出特而不獨的飲食文化（不是獨特所能及），不落二邊，最廣為人知，或世界人士喜愛。你可能與筆者一樣，從未夾過band也可知在鋼琴鍵盤正中是Middle C，粵式菜譜正位居正中向兩邊兩面差不多直伸到尾。翻開任何一本粵式烹飪書，所載的烹飪方法詞彙是最豐富而其他地方派系是沒有的。食在廣州，一句風行，不無道理。菜遠牛肉、釀豆腐、白切雞等可算位居正中。蒸的、焯的、煎的與炸的分兩班排開。這還是大路貨色，其他還有各路高手候教。燒臘、齋素，再由豬腸粉、魚蛋牛雜至鮑參翅肚，與你的味蕾周旋，與你的齒頰切磋。如此食譜，夠你歡未？

除了飲食外，究竟「歡」是什麼？霍健士（John Hopkins）大學醫學院神經系教授David J. Linden嚴肅地揭露「歡樂」之迷：從艱苦研究所得，證實「歡樂」是從觀感而來。我們口頭上說的「六根」不淨，在科學上與「歡樂」相脗合。「六根」是佛學詞彙，所指乃眼、耳、鼻、舌、身、意，這六根給我們領受身外的一切景物、肉體及精神感受、意念。從fMRI（磁力共震一種）觀察中勾劃出來所得，Linden教授指出在腦神經前方有一部位Medial Forebrain Pleasure Circuit（姑且稱作前腦快樂樞紐）。當人受到歡樂的刺激，樞紐便受到感應。由是產生一連串的反應：首先，認定這是歡樂的刺激。二，把那歡樂的刺激與來源（聲、色、香、味、觸感）連接起來備案存入大腦記憶區，以備日後識別。三，衡量並把那歡樂的刺激評分，這衡量功能直接左右取捨和刻意取得的程度。說到這裡，我們或多或少了解到一點煙民的境況。那些對杯中物失控的人也是同樣道理。那些連身家也輸掉的，顯然談不上歡樂，

但箇中刺激程度卻有過之而無不及。受人尊敬愛護所引發的歡慰程度令人嚮往也是這一點道理。權力在手，萬人膜拜，懼怕更可令人陶醉、亂性。歷史上，古今中外，時有暴君出現，箇中道理不難明白。

歡番口大雪茄，歡番兩杯。以大眾定義，自然是歡無疑。這類歡都會引發刺激作用。烈日下，汗流浹背的苦幹後，跑到樹蔭下，閒逸的閉上眼。這算不算是歡？歡樂與歡，如何分野。氣定神閒，六根清淨片刻，給全身休息。那時沒有接收任何歡樂的刺激。好夢還未開場，工頭跑來大喝：「咁識歡！快快開工」。由此可知，閒逸不能不算是歡。

「歡」是一門高深學問，直接牽涉到心理學，腦部神經更是中心所在。自有科學家孜孜不倦在研究歡。但我們在坊間的，可犯不着像科學家們廢寢忘餐的探討。人人孜孜不倦在尋歡作樂，與前者相映成趣。在專家們努力研究歡外，更多人在研究如何追尋歡，如何在一片尋歡作樂聲中錦上添花。因為人人想得到錦上添花，所以各行各業都在為成全你而努力。由觀察你的所需（market analysis）到設計（product development）繼而生產（production），最後才說服到你挖荷包（marketing）。這大概不算全面，但囊括了主要部件：由打閣下主意開始到打你荷包。整個經濟社會就是為了成全錦上添花。「歡」也不再簡單了。

歎途無可限量

歎途並非坦途，是一條斜路，有如上山，永遠看到前路遠大，但見不到山峰。各人向前走，有人大踏步走，有人不由自主的走，向「歎不已士峯」走。走這條路，永不寂寞，記得行萬里長城嗎？前後左右滿是人，但更加震撼。沿途有由商界組成的啦啦隊不斷打氣，提醒更好更歎的就在前面恭候閣下。你就算不用在過海隧道入口處排隊，也不能避免街上排山倒海的廣告的來勢。打開報紙又是另一支大軍殺入，回家想休息，一開電視，大浪冚細浪的廣告湧至。我們的生活也就只能隨波逐浪。還想談什麼生活方向嗎？！

你沒有生活方向的話，只需跟著走便是大好一條歎途。

同人唔同命。這句話一直錯到近代。除了極少數外，自古以來，一般人就只有一條——活命。中外一樣。人人如是，例外是少數中的少數。日出而作，日入而息，日日如是，汗流浹背，只有秋收後的農閒。沒有什麼「時間就是金錢」、「分秒必爭」等等今天的普世價值。時間劃分一年四季，早、午、晚，就是整個人際社會及經濟秩序所需。田野間，沒有人打更報時，總之耕田的耕田，打魚的打魚。在西方那裡，男男女女，要跳舞，就在晚上，不會在田中汗流浹背時大跳特跳。但西方社會有禮拜天是我們沒有的。在識別時間上，多了這一項秩序，這便影響深遠了。每七天便撥出一天以作宗教活動，這是西方的社會秩序，除了宗教上崇拜的需要外還有休息意義。日出而作，日入而息，日日如是才是真

正的社會秩序。悠悠日月，對人寬容不迫，天天都有明天，不會與人計較分秒。直至工業革命，一夜間，時間便是金錢，時間支配一切。

時間終於支配一切。工作（即是生產）講效率，驅車講速度，利息租項講年月日等等，人們永遠追趕更快更多。若要分別優劣多寡，人們就以時間一除（除數）而定，直接了當，不用多講。令人不禁覺得人生在世，多快省就是目的，而不是為自己而活。時刻甚至分秒都受到監督，不能虛耗分秒。除工作外，叫做工餘。時間同樣不斷驅趕我們。六十、七十年代還有一樣東西叫「工餘場」。其實是戲院的特價時段，是戲院的空檔，自然不能放過。時間就是金錢的道理。五時半開場，你剛剛放工，便要馬不停蹄趕去，也不知是不是諷刺。

經濟生產如此豐富，甚至過剩，不會倒落海的，但該如何是好？那就是你同我的責任：全部買起，有用無用照買。無錢就去借，話咁易，咁簡單，電視廣告還說「易借易還」。

工廠所出的產品勢如排山倒海，馬車太慢太小，貨車也要特大特長。萬噸級的貨船不再夠用。六、七十年代，貨櫃船及時出現，不是這樣做便趕不上供給在那遙遠的地方等着的人。同樣，開工時透不過氣，現在是面臨甚麼「特價期」、「最新上市」，更有「賣完即止」。總之令你不能再等，結局如一：分秒必爭。分秒是沒有虛耗，所消耗的卻更寶貴。

出外旅行渡假，公認是遊世界、歎世界。在錦上添花的精神下，物質生

活的多姿多采不斷屢創高峰。在那些郵輪上，每日服侍周到的三餐茶兩餐飯只是末節。由房間起，除整齊清潔外，色澤優美、燈飾柔和，牀頭上還掛上合稱名畫。這一切都是給你合上眼的七、八小時中玩賞的。若要往輪上各處，上落樓梯時踏上厚厚的紅地氈，船身可能輕微蕩漾，令你樂意輕扶光滑柔潤的扶手漫步。每一亭台又是另一幅名畫侍候，誠心邀請閣下忙裡欣賞。用餐時更是震撼，左右刀叉閃亮的排列侍候，無微不至的侍者專心致志為你鋪上餐巾。上菜時，不偏不倚的把色香味俱全的西餐輕放到你面前。其餘劇院、舞廳一應俱全，不能盡錄。在碧波綠水中漫遊於威尼斯、巴塞隆納，又可以是加勒比海的陽光海灘。把一個原本是領略、欣賞異地的旅程化作接受呵護備至的體驗。

回鄉拜山又如何？今天不用再挑幾個麻包袋的破舊衣物及糧食。火車上再無分硬座軟座，服務員穿着醒目制服並有稱心茶點可供選購，除了口嚼茶點外，眼吃冰淇淋，可說歡在眉睫。

吃鮑參翅肚，是歡世界無疑。吃的是碗仔翅及魚蛋串又何如？人們還是殷切輪候，肯定多少有歡的成份。

出入坐名車更有司機代勞，不是歡世界是什麼？若能百忙中騰出一點閒逸，安步當車又如何？在奔波百忙的生活中，誰不殷切希望有點閒逸。可知百忙之後，能享受點閒逸就是歡世界。在百忙之中，能忙裡偷閒是偷偷的歡。夜夜笙歌、與友共醉，紅酒之外佐以卡拉OK自然是歡世界。鄰家有人食古不化，偏好獨自在家欣賞潮曲精選又如何？聲浪可與

街坊分享，悅耳之餘還佐以孖蒸滷水掌翼，真是惱煞人寰他獨歎。潮劇中，劇目繁多，什麼如《郭子儀賀壽》、《包公審郭槐》、《薛仁貴東征》等等。聽這類「吵耳吵鼻」歌曲也不知跟歎有什麼關係？但偏偏不少人就是喜歡它。可知歎之唯物不在物質、貴乎心性之間，可以是吵耳吵鼻，也可以是有美女同車。有云：「醉翁之意不在酒，在乎山水之間。」可知決定因素在乎心性不在美酒。「醉翁」言出歐陽修。又是古人！是否今人皆醉古人獨醒？

百年前國人醉心於吸食鴉片，名曰歎鴉片。據云有騰雲駕霧之妙，了卻凡塵之羈，醫學上更有麻醉止痛之效。西方社會視之為藥（ＤＲＵＧ）。好此道者給人戲稱「道友」，（西方社會稱為drug addict）大有古人修道煉仙之風。好此道者果然仙風道骨，傾家蕩產不在話下。最後禍及國運，衍生香港。及後港人避禍於斯，這是後話，不另細表。

夾住張報紙除了上茶樓歎外，又可以上廁所。滋油淡定應急，安坐American Standard的坐廁，全身放鬆時，實是歎的另一境界。西方稱「rest room」很有道理。由抽氣扇在全速運行，就在這一刻降臨了，鐘鼓齊鳴。這是何等境界。古希臘人就對這境界推崇備至，不少偉大思想就是從類似這境界跐塔般跐出來的。羅登的稀世之作──「沉思者」（見圖）便有異功同曲之妙（約於1880年創造，現位於巴黎羅丹美術館）。

蕩漾在浴缸之中，同樣也可以悟出天地間的奧秘。自然規律簡稱為道，真可說是道向歎中求。最為西方人津津樂道的要數希臘大儒亞基米德。

24

這是十九世紀雕塑家奧古斯特‧羅丹（Auguste Rodin）對古希臘思想家的刻劃，
跟跰塔無異。

他所發現的亞基米德原理Archimedes's Principle（見註1）則是在浴缸中悟出來的。筆者以老頑童之心度之：在一缸春水中蕩漾在浴缸之中，猶如今天上深圳歎其沖涼泵骨，全身歎在其中時，智慧霎時間湧上心頭，恍然大悟一聲「eureka」，赤着身，滴着水，奔走出街，公諸於世。如此悟出箇中真理。深富佛家禪宗的頓悟真趣——大徹大悟。千古悲情才子，曹植以船秤象（一說為曹操幼子曹舒），卻深富科學精神，但全無趣味可言，悲情才子，不是浪得虛名。他也明白這個道理。他自己沒有掉落水，只是把象趕上船，船身自然下墜，然後改放石塊直至船身下墜至與大象時相同界線。然後把石塊秤而得出準確的重量。

我們無時無刻都在歎，窮追猛歎。就是工作時，一把正經，所作所為，以工作效率作鞭策，也是為了成全別人去歎。

但若閣下駕着Ferrari既威風舒適又安全快捷去會情人，這便促成旅途愉快，這還不是歎？與情人甜蜜一番，更不用說了。又輕快的爬過一部正在風馳電掣的趕路送貨的貨櫃車。沒有人認為這部貨櫃車跟歎有關，但司機途中暢通，平穩快捷，沿途有收音機相伴，比起以前用馬車，行泥路，自然覺得旅途愉快。若貨車所運的是紅酒，更是歎己及人，善莫大焉。

註1：亞基米德原理的原文說明：「Any body partially or completely submerged in a fluid is buoyed up by a force equal to the weight of the fluid displaced by the body」，大意如下：任何物體，當部份或全部浸在水中（或任何液體）時，所受浮力相等於同體積的液體的重量。注意：重量也就是力，這裡便是指浮力。

重拾舊歎，莫負世界

另一方面，生老病死之中，每一境遇，除了可能令人坎坷之外，但也有辦法可讓世界繼續為人所歎。

一個人起居飲食，能行走自如，不用藥物或醫療設備輔助，不知羨煞多少有此需要的人。世界直是做給他「歎」的。很多人最少也要用簡單輕便的輔助如眼鏡、助聽器等或遲或早的必需品，才能令人保持生活質素，使人可繼續觀賞這個花花世界。若然不死可以一直「火燒旗桿」長歎下去。

科學進步，除了助人慳水慳力，做事方便快捷外，同時也令醫療衛生水平大躍進，造福人群。個人健康大幅提高，身體缺陷，不論先天的或人為的，多有一次機會。今天人們除衣食無憂外更要講求生活質素，人長命了，便要講求身心健康，日常起居自如，飲食舒暢。若起居需要協助或行走要人攙扶，這便不妙。事事有求於人，不能自如，有礙正常生活。受障礙的生活自然是質素低。有醫藥可糾正的便可把質素提高回復正常生活水平。飲食亦然，若進食有困難，但醫學昌明，可用喉管幫助，但不能回復正常，只能維持較低的生活質素。呼吸有嚴重問題者，需要額外氧氣輔助，唯有臥在病床以氧活命。雖算是保了性命，但談不上生活質素，畢竟生活不單是臥床的。今天的醫療設備輕巧靈活，整套氧氣設備都可裝配在輪椅上，於是病者可同時吸氧及以輪椅走動，大大提高生活質素。人類在醫學上的成就不單只是延長壽命，還可保持生活

質素，維持人的尊嚴。

跟其他缺陷一樣，跛了的人很不幸。今天很多設施和裝置出現，由各式拐杖到義足再到輪椅，使你生活自如，不用事事求人，除保持生活質素外更維持個人尊嚴，這才是人權的真義。四、五十年前，身有缺陷，稱為殘廢，被視為是家庭社會負累。你若是生在貧窮家庭或地區，生活可以想見。家人、社會愛莫能助，但總不能讓他等死吧。那個年代，人們情感單純，不用愛國時，全副感情就放於家庭成員的福祉上。怪不得那個年代的小說、電影離不了是家庭倫理大悲劇或大喜劇。家庭如是，社會風氣如是。就是這近乎專一的感情給他們溫暖，給他們目的活下去，為將來作打算。小說中人物通常盡一切能力照顧家內成員所需或成全成員的期望，其實也是全家人的期望。如合力供他出外留學，又合力開檔創業等等。當年的「獅子山下」、「太平山下」的精神盡在此矣。

今天社會也相應的配合人們「愛惜自己福祉」的精神而提供有關配套措施。大部份人真的可以感受到這個世界是他們也有份的，而且是好的，可以給他們享用。今天人們要「歡」的，不單是生活質素咁簡單。慳水慳力，方便快捷，大多數人都已達到。在觀感上：眼、耳、口、鼻等官能都已受到充分照顧，食得其味，極盡耳目之娛。但市面上仍然源源不絕的推陳出新，有精益求精的改良、有衍生的、無中生有的及無聊的。因為廠商和市場不斷揣摩我們消費者的心，他們往深處發掘連我們自己也不自知的角落，也給他們翻箱倒籠搜到。源源不絕的數據、市場調查、問卷，不少人更窮一生精力的鑽研。大學內更冠以「市場學」一

門，很受工商界器重。

市場業的從業人士所諗度出來的橋，除了着眼市場的需求和要求外，更重要自然是為增銷，更高的利潤。他們不斷揣摩人的心理行為習性、個別不同的人群社會特性、喜好、購買意慾、花費習性等等盡在掌握之中。一些群體，無論孤寡，只要有錢、消費能力高，就有人照顧到，稱為niche market，刁鑽客路。果然高級人士欣然受落，證明自己與眾不同。汽車固然有高下之別，手錶有鑽石「金勞」，其他的XO、Prada等等不能盡錄。服裝及飲食界更加刁鑽。影響所及，自自然人人都努力向上。

開胸襟拓情懷

從醒悟（enlightenment）（見註2）的思想開始繼而普及，在生活及精神上，歐西人士孕育出新的體驗認知。人不再是為統治者和權貴階級的利益而存在。活着是為了自己或與自己有關的人和事物。這樣的思想發展下去便自然演變成平等、自由。這場革命遲早出現，只待這個時刻，這群民眾來臨，一點風吹草動便可燎原，照亮整個人類世界。法皇路易十六倒霉透頂而已，與暴虐與否無關。要數暴君，中國還會少嗎？

人類從山洞走出來，經過無數年代，演變到可以理直氣壯的自己原來可以珍惜自己，有權珍惜自己，不再為統治階層而存活，為他們的利益送命，為他們的喜好效勞。有權對物質起愛惡，完全支配自己對人對事的感情。這時人類才是真正的站起來。

跟平民大眾不同，西方的帝皇及環繞他們的統治階層除了可以跟平民大眾一樣愛國愛宗教外，還因感情不受限制而變得豐富起來。他們可盡情擴闊情懷，浸淫在這些情懷中，七情六慾的對象可說包羅萬有。愛奢侈逸樂外也有熱愛琴棋書畫、騎射以作娛樂。鍾情於花草樹木之餘，甚或也會對科學天文起好奇之心或生求知之欲。當然也有醉心政治思想和哲學研究的人等等，不能盡錄。他們對貪婪也有不同的演繹，有些人會資助航海探險，到世界盡頭發掘資源、財富、領土，陸路水路如是。每個人原本都有類似情懷，當人認識到不再為統治階層而存在，便可盡情發掘擴展自己的情懷。箇中包含人性中各種對人、對事、對物不同的感情。從地到天之間任何事物都可引發人類好奇之情。單一愛國，愛造物主太狹窄了。

註2： 醒悟（enlightenment）—早在文藝覆興時期已醞釀，不再單純附從神權和帝王權貴而孕育出科學精神，人文思想。人民有如牛皮燈籠終於點明了。西方稱作enlightenment（點明）更傳神。

單一愛國，愛造物主的國度，人民就只有繼續捱世界一途。富冒險精神
兼創作性如西歐人民最多也只能去到文藝復興的巔峯。米高（Michael
Angelo）所作教庭內的畫、大衛的塑像等稀世之作，除了本身的藝
術價值外，最大的價值就是對神的讚頌，沒有對人生價值的啟發。
達芬奇（Leonado Da Vinci）除了藝術外更多一份科學精神，是真正的
Rennaisance man「文藝復興人物」，也就即是允文允武。除了藝術創作
外也開創對人體的解讀和機械的構思，也就是對學術界的深遠影響。當
然，緊隨著來的數百年的科學大躍進也就造成今天的世界。文藝復興後
跟著數百年，藝術、科學不斷進步。建築更宏偉，更美侖美奐；堅船利
炮下，統治更具規模、更精密。但從來沒有人提倡讓人民稍稍歎吓。人
民還是只有捱世界一途，直至Enlightenment喚醒人民。

歐洲文藝復興也正是中國明朝盛世之時。以堅船利炮的標準論，更是舉
世無雙。也是這個時期，三寶太監鄭和率領曠世艦隊七下西洋，遠達馬
達加斯加及非洲東岸。瓷器更是工業技術加藝術的綜合成就，其他城池
宮室更不在話下。這一切也只是為帝王服務，人民永遠只有捱的份兒。

我國歷史上，多番在科技工程都有成就，由《皇帝內經》而至《本草綱
目》，運天地動儀用以觀測天象，建造大運河，貫通南北。巴拿馬及蘇
彝士運河就小兒科了。藝術方面，各朝代均有傑作。這一切都被用作鞏
固統治權力。人民只是蟻民，中外如是。

若生產所得不為人民所用，什麼生產總值（GDP）的高低便沒有意義。

反正GDP再高，得益差不多全歸統治階層。風調雨順時，到期納田租，壓力輕點而已。絕大部份人絕對談不上什麼物質生活，中外如是。但科學仍然繼續進步，藝術水平更高，製造及生產技巧更加精密。所得的一切卻只為統治階層服務。這比1%對99%更懸殊，但這少於1%的幸運兒的行住坐臥、起居飲食卻不斷精益求精，連享用的精神及儀態也一一受到精心雕琢。在這方面，西方便遠勝東方了。時至今天，他們對「歎」所持的精神，施行的標準，便是世界所依的標準。

我們到西方國家遊歷，歎世界時，除了可以欣賞到當地景色、風土人情外，同時也可領略到古代歐洲人民同樣感情單調。古時歐洲人民除了擔憂溫飽外，其餘全部感情只有放在上帝和皇帝身上了。最顯著的，自然是令人驚嘆的教堂、美侖美奐的宮室城堡，造出來的自然是人民智慧的巔峰，與長城、大運河及帝王宮室，遙相呼應。這似是巧合，實乃必然，是人民智慧發揮的唯一途徑，但博物館和公共圖書館還是在歐洲領先出現，讓西方人士成為世上首批平民大眾接觸世上其他事物。法國的博物館何時出現，恕不稽考。但隨着法國大革命，拿破崙四出征伐，劫掠所得連同皇室數百年來的私藏頓歸國家人民所有，使他們的珍藏一時無兩。最為人熟識的如《蒙娜麗莎》及什麼希臘女神雕像等藝術極品，但也有考究古文化的瑰寶如「羅錫達石刻」Rosetta Stone。這塊石頭不知與天地共存多少歲月，吸收日月精華而無人過問，直到數千年前給人類刻上埃及和希臘文字以此存照，但仍然可能永不見天日。拿公終於打到來，劫掠之餘，竟然有此念頭命人深入研究。這不是異數又是什麼？也顯示出拿公情懷廣闊。是否真的，作為侵略者的他，劫掠之餘也不忘人

類文化傳承乎？若拿公面對圓明園，不知會否發生英法「火燒圓明園」。西方人挾此見識，由不同領域的好奇心而擴展情懷，如何不走在時代尖端。

西方社會的貴族通常較帝皇情懷豐富得多。做了皇帝，大部份的情懷是憂慮會否為奸人所害，謀朝篡位和人民作反。稍為好一點的才加上憂國憂民，所以顯得情懷狹窄，感情單調乏味。中外皆然。若皇帝好色的話，反正美女多的是，又不用追求，所以永遠嘗不到拍拖時得失之苦樂，也就缺乏了人類感情中一大特點──對情愛的追求。

貴族地位不同，他們處於世襲外，對帝王的掣肘也相對的多一點，情懷可以廣闊得多，感情多樣化。由塑造富有自己個性的庭園居室，到鍾情音樂藝術，更甚者有「飼養」私人樂師，很多超級音樂家都是他們「飼養」的，莫扎特（Mozart）也不例外。既然是名家樂章，有歌自然有舞。舞伴全是名媛淑女，盛裝之下在優美的旋律中翩翩起舞，怎不叫人陶醉其間。也有不少貴族喜愛藝術、哲學、科學等其他領域，或是喜愛與學術中人交往，共事研磨。那些貴族中的女士自然也有她們的情懷。參加宴會和自己階層的社交活動是生活的重要性部份，對人對事可以蘊釀出各樣情感。由衣飾到裝扮，由傢俬到佈置都可以牽動心思。社交活動中有室內有戶外，騎馬打獵是耍樂，也有憐愛其他動物，也有喜歡細味花草樹木。法皇路易十六的皇后瑪莉安東妮，除了眾所週知的被送上斷頭台外，記載中便有詳盡表述她對園藝的認真態度：搜羅世界名種只是起點，在園中不同角落塑造各地風情，品種的配合依不同地方風貌佈

局而定，還親自主持，然後置身陶醉其間。這樣的窮奢極侈，自然多一條被送上斷頭台的理由。今天的世界，不論手頭鬆動與否都要展示自己深明大義——富麗堂皇，精致典雅。四、五百呎的小天地便可豪華裝潢一番，而社會也冠以豪宅之名。名貴食府以什麼風情作為主題以作招來的構思，自然逃不出這種精神。當中當然也有如林黛玉般對花草多愁善感。總之這一切都在擴闊她們的感情領域。

自古，由帝王至公侯貴族在喜慶盛典中多有耍雜小丑助慶，類似我們現代的雜技團。他們有一種稱為「翻騰團隊」，有如龍虎武師，縱橫跳躍其中以增場面活力。這些雜耍的人還擅長音樂、詩詞，堪稱允文允武。如此質素，也只能以取悅權貴而僅可糊口。那些翻騰日後竟然為普世接受，就是他們的技藝得到這小圈子受落之故，並漸漸成為上流社會的活動，其後更發展為體操、賽跑、跳高、跳遠、木馬，更有網球等球類運動的出現。

更重要的，是很多活動都能流入民間。一場法國大革命更使之深入整個歐洲大陸平民百姓的生活。如1896年法國人顧拜坦伯爵（Baron Pierre de Coubertin）推動重新成立國際奧林匹克組織（IOC），同年在希臘雅典舉行第一屆現代奧林匹克運動會，重燃其和平公平競爭精神。顧拜坦伯爵之推動聊以證明昔日權貴對現代社會還起到一點作用。

同樣是法國人，1909年一位銀行家名Albert Kahn，經日本一遊，感於所見，繼而銳意重資以最新科技，以彩色相（百年前法國人率先發明攝

影）捕捉世界各地發展各異下的社會狀況和山川人物。這是何等胸襟情懷。身處搵快錢、搵大錢的行業，竟然有此情懷。我們香港或中國的各界巨富和那些自命精英的人們不知有否這種情懷，很不可思義吧？但在西方社會，這類人士多的是。這是西方貴族們的生活，反映出這小圈子的人生態度，在感情的領域上大肆開天闢地。當然，平民大眾免問，但這一切經法國大革命後，一聲自由平等便下放無遺。

學而優則仕，
革(命)而優則歎(世界)

學而優則仕，中國歷來多得很。革而優則歎，古今中外卻是絕無僅有。
真正促成歎世界與普及化的就只有法國大革命和美國的獨立革命，可謂
相輔相成，也可以說是人類冥冥中之造化。

革命之中，最成功又實惠的莫過於法國大革命。箇中不乏可歌可泣、蕩
氣迴腸之事例。但都不重要，多得法國大文豪，大仲馬 (A. Dumas) 的
作品多有記錄在案 (或鹽醋交加未定)。除了他的文學藝術價值外，其實
他的作品對世界沒有什麼影響。「死得人多、死得淒厲、壯烈」是古今中
外任何革命的必備條件。要成功又真正令平民百姓最終受惠的，不至令
烈士們枉死，數來數去還是只有法國。後來者多是強差人意，例如近世
的俄國大革命、辛亥革命，琳琳種種接踵而來的革命同樣欠奉，革命欠
優直至現在。

人民受到壓迫憤起反抗繼而抖黨革命，以暴力爭取公平及永久和平。大家都明白，打爛盤攤子最易，要收拾重整比原來更好的便難上加難。法國大革命最受世人借鑑的就是革命成功後將帝王特權階級社會重整轉型至「共和國」社會。革命中的口號「Liberte、Egalite、Fraternite」即自由、平等、友愛也，竟然可以落實並終於成為今天的普世價值。

法國大革命稍晚於美國獨立革命，但精神不同，不是執人口水尾。二百多年前的歐洲是什麼世代，神權君權令人喘不過氣。生死有命，富貴在天，哪由得人民過問。還想搏嘴？！什麼平等，人有我有，我也要歎埋一份！人民即是蟻民，認命好了。法國大革命顯示出人性中「不患寡，只患不均」的平等訴求，要麼就齊齊歎，為甚麼只有帝皇、特權階級才得到。法國大革命成功後，得到普世認同，「平等」成為理所當然的社會制度，齊齊歎。而歎益日甚，這是後話。

美國跟香港一樣同是英國的殖民地，但結不一樣的果實。英國人以開荒者的大無畏精神，刻苦耐勞終於創出新天地。說到大無畏精神、刻苦耐勞，中國人還缺乏嗎！所謂一，不怕苦；二，不怕死。不待毛澤東說，千百年來，中華人民早已奉行不懈。印度及所有窮等國家的人同樣不會欠缺求生、吃苦的通性。

但美國即是美國。是鬼神促成的。成就也就有鬼斧神工之妙。

人望高處可以說是做人的應有態度。可曾有人祈望貧窮、喜愛捱苦，以

貧賤為抱負？這是古今中外最一致的看法。西方思想更進一大步，「富強」不單只是指國家整體而應該富及每個人。每個人都可以富起來，爭取豐足和快樂。而美國的建國先驅和幻想家更異想天開的竟以「pursuit of happiness」為立國精神。還一把正經，嚴肅地向世界宣告以「尋歡作樂」為精神立國。美國獨立宣言中便有如下一段：「We hold these truths to be self-evident, that all men are created equal, that they are endowed by their Creator with certain unalienable rights, that among these are life, liberty and the pursuit of happiness」。大意是：「吾人秉持以下顯而易見的真諦。與生俱來，人便是平等的（說得好像美國沒有黑奴似的），這是造物主賦予的不爭權利，包括性命、自由及尋歡作樂。」當遇到法理上的疑難時，這便是釋法時的精神依據，無上權威，還有權指出政府錯誤，要政府改正。真正體現「同一班人發同一個夢」。不愧為美國人、長期領導世界，時為1776年，當時法國大革命還未爆發。如此離經背道、不以貪圖逸樂為忤，還理直氣壯，勇往追尋、目無王法，莫此為甚。但偏偏有一班人齊齊發同一個夢。連天理竟也跟他們一般見識。竟然讓他們夢想成真，惠澤普世人民。當世美國雖然弊端不少，但普遍國民生活豐足而國力更是世上僅餘唯一超級強國（雖然越來越寂寞）。人民質素高，生活質素高，生活方式夠晒歎，真正體現「pursuit of happiness」。

一個要平等有理，勇往直前；一個對尋歡作樂孜孜不倦，在北大西洋兩岸遙相呼應。影響所及由北大西洋兩岸而達全世界。

一旦把自己釋放出來，你同我還可以縱情自己的情懷。有如天馬行空，

發展各項不同情感。大大擴展的情懷中可以包括享樂、情愛、對自然
界的無窮無盡的好奇、對美的追求，甚至可以自由發掘自己的期望、個
性、表達自己、發自己的夢。丟棄了數千年的奧林匹克競技會也給他
們發掘出其內涵精神：不計勝負，只重參加。盡己所能，不言放棄。

（「The most important thing…is not to win but to take part, just as the
most important thing in life is not the triumph but the struggle…」）這就
是奧林匹克宣言，精神所在。自己對自己負責，個人喜歡便行。依自己
的判斷行事，衍生出個人主義。同時不亢不卑的樂於走出去了解人類社
會的不同面貌。法國那個銀行家四出到處影相也不單是影相留念，也包
含着接受與尊重。就這樣數百年下來，西方人士終於孕育出對人對事物
的一種活潑開放態度。正如鬼妹感情廣闊豐富一樣，活潑可愛，天真而
富求知欲。有主見、愛護動物、感情澎湃、易衝動，故也。感情廣闊是
一回事，與感情愛情有別，但時有混淆。與鬼妹交流，切勿表錯情。鬼
佬亦然，活潑輕鬆、勇於表達自己。與之共事，雖為上司，卻可直呼其
名。他們喜言笑，以富於幽默感而自豪，富於衝動，感情轉化熱情而至
專注，路見不平，下車相助乃平常事，在歐美公路上常見。

歐美人士，不論男女老幼還有一點最重要的就是氣質，是矜貴的氣質。
不是指電影明星，也不是單指言談舉止，當然這也是氣質的一種表現。
講富貴，今時今日，再不是他們獨有，好像全世界都富起來似的。美國
是富強大國不算。丹麥、瑞士都是小國寡民，他們到世界各地去，人
們不用敬畏他們，但絕對不會貌視他們。好像從他們身上散發出一種悠
然自信，給人好感——不受擺布而帶點自斂，只有我擁有我自己，與同

胞一起共同擁有國家。他們本身便是國家的主人翁，不單單是未來的主人翁。他們只是「禮聘」有才德之士打理國事而矣。中國傳統的世家子弟也有類似氣質，他們以君子為依歸，歷史上推崇備至的君子，他們屬於權貴或統治階層，身份尊貴，他們有學問，有見地而胸襟廣闊，不受擺布而可廣納意見。他們有教養，加上受到百般寵愛，有一種天然的不可侵犯的風範。教養使他們的任性受到克制。所謂「君子敏於事而慎於言，克己服禮為仁」，便是他們所追求的個人操守。自然與蒼生百姓不同，盡顯悠然自信之風。當然，超然的氣質多少是天賦的，不用強求。但一國家的人民質素高，氣質也就普遍高。單單靠強勁的購買力，顯然大大不足——讓人家賺了一筆，仍然受人看低。

歐西人民率先把自己釋放出來，各人只對自己負責，各人由愛惜自己進而愛歎實乃自然不過。今天世人對「歎」的意念，內容多以此為基礎。在這個基礎上，建立了科學、政治和經濟思想理論。他們對物質的要求更以此為基礎。要愛惜自己自然想令自己過得舒適。首先的着眼點便是搞妥體力勞動的需要，還要身軀舒適。

「慳水又慳力，方便快捷。」這是家庭電氣用品的廣告口號，是六、七十年代廣告常用的金句。現在這類家庭電氣用品大概家家戶戶都有了，不再馨香。慳出來的休閒時光一日一日多起來，人人不用再赤手洗衫、自行縫製衣裳。但現世代，兩公婆卻日日做足十個八個小時，還時時加班，連看孩子也要交託別人。「慳水慳力，方便快捷」所慳出來的休閒時光豈不是白廢？結果享受休閒成為最令人嚮往的項目。但如何享受休

聞卻令人費煞思量——選擇也實在太多了。長的短的，遠的近的，即興的，刻意的，豐儉由人。

今天，人們是否對家庭冷漠了一點？筆者以為不完全正確。今天，青年人出社會做事，不再單單為兩餐，態度不同了，以career視之，建立自己的事業，點只打工咁簡單。他們有自己的願望和理想。也不一定要當醫生律師（這多是父母的想法），有人醉心攝影、彈band，又或者迷於造靚衫、搞設計，日以繼夜搞到天翻地覆。又可以專愛拗頸，無論國際事務、社會長短都愛debate一餐，豪情萬丈，孤身背囊去作湖海壯遊等等，不能盡錄。這是很好的發展走勢，是情感領域擴張的結果。感情內容不單愛家愛國這般單調，胸襟視野的擴展才能令性情多元化。

花樣世紀何處來

愛惜自己，不同怕死。西方的探險家、科學家顯然不是亡命之徒。他們熱愛自己的工作而犯險，讓自己的情懷隨心所欲的擴闊，對人、對事、對物、對時空以至對世務皆可充實我們的感性生活。總不能一整天就是男女情愛、名利得失。獨身人士同樣可以與相伴多年的貓狗安享生活。又有人以冒險為己任，到深海險地做研究。在紀錄片中所見的，往往就是他們的科研報告或其中經歷。看他們專注而興致勃勃，但他們的報

酬只是一般，並不是搵快錢搵大錢的工作。愛惜自己同時亦不難推己及人，由個人儀容、家居而至街坊、整個社會。除了關心外也投放資源維護。歐美人民除了儀容悅目外，生活、市容及整個社會面貌亦然。城市也是繁華的象徵，有關歐世界的都可以在城市找到、用錢買到。要領略其內涵，便是用錢也不一定買得到。

歐世界中而又可以宣示自己見過世面的自然是遊世界。首選的自然是花花世界──城市。一片紙醉金迷，這悅目的效果除了是人心世態主導外，大部分自然是消費作用（consumption）所至。Consumption最能達至官感上耳目之娛。高樓大廈、五光十色就是我們自小對外國大城市嚮往之處。嚮往之情，不用到什麼資料館、博物館或文化中心去找。找來當時的諧趣粵曲如梁醒波的《來路狀元》或馬師曾的《搭錯線》，一聽便可令你心領神會。在街上行走的人穿著盡是鮮豔奪目、五光十色的百貨公司，汽車在馬路上川流不息。住人的高樓大廈，內裡令人舒適安逸外，外在卻另有一番計較。由外形起，便從觀感着眼，豪華美觀不在話下。若是商業大樓，更為宏偉、巍峨壯麗，震懾人心而後快。只要肯花錢，要幾靚有幾靚。街道整齊有序，火樹銀花兩旁，大公司窗櫥各式各樣陳列，向你招手。如此天地，任何人都希望置身其間。世界各國，無論多窮，爭相仿效，被認為是繁榮富庶的表現。我國從八十年代起，全國各地蜂擁地打造，到今天很多大城市蓦地而起。但更多人卻要跑往歐美，觀看真正的大城市，何苦呢？！我們自己的各大城市，高樓大廈都是新的，汽車多到無路行，同樣充斥着五光十色的貨品，景象尤勝歐美，真的假的任擇。

觀賞外國城市時，有一不由自主的感覺，不單是觀看高樓大廈、五光十色的貨品，也是觀賞這個城市成長後的果實，從而也領略一點歷史和風土人情。我們看到巴黎鐵塔時，不單只是它的高大宏偉，我們也會聯想到箇中精神、歷史。紐約的帝國大廈、伊斯坦堡的蘇菲亞教堂也是如此。什麼建築，今天的中國都可以造到，還可以造得更新更靚。但沒有箇中神采、精神歷史，更談不上我國內涵。

為了貫徹歎的精神，自然要住得好。市面上，高樓大廈之中爭相以豪華美觀招來，豪宅自居。又有巍峨壯麗，給人飄飄然如君臨天下之感。你肯花錢的話，自然有人替你搜羅最好物料。美侖美奐不在話下，既可驕其親友，還要天下之美唯盡在己。

世界人民歎起來

古時，歎的生活自然與奢靡不可分割。奴隸百姓如蟻民，何來富貴，連奢望也不敢。十七、十八世紀期間，花布、茶葉、咖啡、瓷器已相繼傳入歐洲，燃點了工業革命的漫長藥引。接著是科技急促增長並應用到生產上，市場需求，殖民地剝削。很多人，其中包括不少學者都忽略一項關鍵性的因素。筆者不是學者，只是一個撻着拖鞋穿街過巷的街坊之一，所以有緣撞上。西方的婦女、家庭主婦才是工業革命的的第一主因。跟我們的婦女一樣，她們也是煮婦，更是主婦。據Jan de Vries的 *Industrious Revolution*便有指出西方婦女，特別是西歐的，比較遲婚，很多在二十歲後。她們婚前有好幾年在娘家自力幹活，有點私己。與其他社會不同的是她們在婚後多與丈夫成立小家庭，處理家務時，比較有點主權。到十七世紀時，很多婦女兼營副業，替人縫衣，自己製造家庭用品，並做起買賣來。就是這一點點的主權與買賣的興起便導致日

後的購買意念。

天性使然，她們的購買意念自然不離衣服及家庭用品。他們穿的是令人發愁的色澤，乃真真正正的粗衣麻布，硬橋硬馬，卻很耐用。從他們家族世代相傳的紀錄中可見這等衣物是世代相傳直至不能再縫補。十六、十七世紀年間，棉布和染布技術從印度傳入歐洲後，很快便令歐洲真正的五彩繽紛起來。經此之後，棉花所造的輕盈布料、染布技術迅速受到廣泛活用。輕盈的布料給裁剪式樣無限的發展空間；有了染布術，使過去仙境裡獨有的色彩也可應用到服裝上。豪門貴族中人，特別是名門淑女，爭相選購。連工包料，穿到婦女身上，不單明豔照人，令人體態輕盈、婀娜多姿。及後擴而充之，達於平民，終令西方婦女服裝領導世界。

與此同時，室內裝飾佈置也蘊釀着革命，佈置也以布料襯托為時尚。枱是用來放置東西的，窗是讓陽光透進來或供人觀看屋外景物的。原本與布拉不上關系的，但都用布料裝扮起來。各樣擺設也一一以布為襯並配上鮮豔色彩。櫈椅也大量用上布料而越來越趨軟化。人要衣裝，居室原來也一樣需要衣裝。從此，區區陋室給人塑造成新天地。一室之內，安全可靠外，將居室提升到另一境界，令人溫馨閒逸，成為私人淨土。只需安坐家中，便可直達歡世界的範疇，此布功不可沒。

服裝以外，瓷器的傳入也起異工同曲之效。在此以前，西方人用的飲食器具是很粗糙的金屬製品或土製器具，也是令人看見發愁那類，但

很耐用，家家戶戶世代相傳。新置的時候，小心使用便是，可免割破嘴唇。傳下數代之後，便滑不溜手。十五世紀時，瓷器傳入歐洲，是舶來貨「Made in China」。風靡一時，一時無以為名，故以產地China稱之，沿用至今。皇室貴族，以擁有驕人，富有人家，爭相搶購。人類社會通性，上有好者，假以時日，必然上行下效。除花瓶裝飾外，一切碗碟盛器，輕巧而美觀外，手工精妙。單單是摸上手，看在眼已是一種享受。用在家常或宴會上，是真真正正的令佳餚生色，除了可逞其口腹之慾外，也極盡手觸目睹之娛，可稱秀色可餐的另一境界。

瓷器傳入歐洲，確是風靡一時，但不久他們便掌握了箇中技術，我們可以從他們早期製造的瓷器嗅到中國氣味。隨後，他們加入了自己的元素、特色。他們製成的茶具、人像及其他裝飾物更是精美而獨樹一幟。

先破爛後燦爛

布與瓷器都有一個共通特點（也是今天工商界的最佳拍檔），特點是「永不耐用」。子孫可能一代不如一代，在工商業裡卻要一代一代改進更新。今天如是，數百年前如是。破爛了，始終要購置新的，這便是新陳代謝，卻內有契機。給從事製造的機會，新的款色、花樣也有見天一日。那些主婦，堪稱是自由市場的開拓者。她們所持的是市場上的「投

票權」，憑她們那小小的主權，不斷購置，給新意孕育機會。二、三百年前的不斷購置，自然不是今天的標準。首先今天可負擔的人在比例上多好多。其次「新陳代謝」的機會更多，不再等先破爛後購買那麼礙手礙腳。

你還記得最後那次因破爛了而需要購買的新恤衫或新鞋襪嗎？有一次在電視中回味香港一類節目裡見到打鐵師傅替街坊補鑊。今天只有官場或大機構內才用得着。已故丑生（詼諧）伶王梁醒波的諧趣粵曲中，引腔高歌：「充生晒認經理…着起西裝革履」。西裝是大人物，經理級才匹配穿的。最低限度也是大場面才用得上，是人生幾何的日子。曾幾何時，那套西裝曝光日甚，便被戲稱「單吊西」，令人顏面盡失。對八十後的朋友有必要略加闡釋：單，不用多說，單一之謂也。西，指西裝，也給你猜中了。含意卻不是單指一套西裝，而是「只此一套」，無力添置多一套。無力添置顯示那人搵錢少，理應當佢無到，是那時的勢利眼光。革履是皮鞋，很矜貴。因為容易磨損，多預先釘上「馬蹄鐵」，稱作「鞋馬」。如此可使其耐用。這些不是貧民窟，是大街大巷的街坊境象。

今天，再沒有人會擔心耐不耐用。要買新的理由很多：新款、新配搭、便宜、更名貴、人有我有。可以是其中任何一項或混合組，更常見的是「莫須有」。現在購物已變作生活中的指定活動。

時尚霸權

代價是付了，而且很高昂，但所得價值在那裡。XO自然比一般干邑巴閉、昂貴。Prada比普通手袋更不可以道里計。在巴黎買的一襲時裝身價也大大不同，就算是大陸縫製的。二、三百年前的歐美社會不也是跟全世一齊捱嗎？

其實法國人的生活不算浪費，但講求浪漫，是高層次的生活，也不是專搞男女間之咿唔唔。每年有六星期大假，很識歎，有品味，他們喜歡歎多過浪費。

革命之前，帝王特權階級所歎的，可從他們的宮室裝飾佈局得知。歐美社會自然有他們的生活習慣，歷史文化孕育出來對歎的精神。今天人們對歎的追求都以歐美為準。日常生活中從家居到寫字樓，出入而至飲食，從個人服飾至一切事物的審美標準都以歐美的為依歸。建立這一整套標準不是硬來堆砌的，其中歷史源流及其精神更不乏趣味盎然之事。

古代皇室權貴更喜歡養音樂天才。差不多所有的音樂家都是以此為生。社會地位低微與中國古時戲子無異，成名、流芳後世，那是後話。拿破崙，很懂欣賞音樂藝術，可稱為顧曲周郎，歐洲版。尤愛海頓（Joseph Haydn）的作品。傳說他未稱帝之前，在一次赴Haydn的演奏會時，途中遭反對派以馬車炸彈（可說car bomb始祖）行刺但無恙，繼續從容赴會，細緻中浸入豪情可見一斑。

「飲」更不得了，不單是另有領域，更可說飲出天地靈氣。什麼 chateau lafite，什麼地區年份，當年的天氣雨水所出的葡萄，哪處的酒莊祕笈，一入口便龍鳳分明，豈是凡人所能領略。加上衣香鬢影，怎能說這個世界不是做黎歡的。生長在這樣的文化傳統，怎能不識歡。有朝一日擴而充之，那可不得了矣。法國大革命終於結束了皇室貴族對歡的專利。

咖啡 —— 還以為是源產自巴西，其實不然，乃源自阿拉伯。其果啡色而帶紫紅，略小於客家山區中的山稔，隨手可摘，嗅之無味，入口味濃而略帶苦澀，生吃不宜。但在阿拉伯荒漠中，卻可救命。話說一名罪漢叫奧馬，帶罪在沙漠中等死，但得到神明指引，被帶到咖啡叢下，得以保命。至十五世紀，一名也門人達班尼（Muhammad al Dhabhani）以此創製一全新飲品，並風行起來。其後的事，今天大家知道了。我們所喝到的是歐洲版，經意大利而達全歐。從烤製至沖泡，一應用具都是經過他們的生活、社會風俗揉造出來的。花巧一點的還要沖出花草圖案，令你不忍一飲而盡。美國卻大異其趣，深藏海闊天空立國精神，多少隨意，一些地方還可（bottomless）任意添飲，是他們的文化飲品。

茶 —— 大家耳熟能詳，除了茶葉外，由茶具以至沖飲方式，處處皆展示其生活文化，不是從中國或印度照抄過去。他們把所喜的果香都加進去，還加奶加糖。英國人視茶為國飲，與仰慕中國無關。他們用茶時，無論款客或自奉，手續比咖啡簡單得多，就是這樣風行起來。他們在用茶時更加添色彩，雍容秀麗的茶壺、杯碟在在演繹歡茶的意境。今天在

大酒店中afternoon tea加上花塔餅，令人歡意無限。所歡的實是閒逸的
意景，與花塔餅甚至茶無關。急急腳走著來吃花塔餅便大異其趣了。

酒 —— 西方人飲酒比咖啡或茶都早得多，也不自法國始。公元前八世紀，
那時法國及整個西歐還是在茹毛飲血的時代。希臘文化已很發達，還未
有歐債危機。他們已懂用葡萄、橄欖等大量釀製，成為空前產酒大國，
還奉有酒神，Dionysus，以示天授。他們同樣滿天神佛，神祉之多可與
中國匹敵，這在希臘世運閉幕禮中可窺其一二。公元二世紀，羅馬帝國
雄霸天下，釀酒王國之美譽才由義大利取而代之。法國人繼而代之更是
後話，但他們各自都能展示自己獨特的文化，由釀製奧秘至精美酒樽、
酒杯，一一與世人共同把玩品嚐。

紅酒 —— 喜劇伶王梁醒波舊唱中常有：「白蘭地，威士忌」，唱出昔日人
們嚮往歐西美的天堂生活。美國總統尼克遜未飲茅台之前，我們有不
少名釀——就是不算虎骨木瓜酒、驅風三蛇酒，也有天津玫瑰露、山西
竹葉青、小欖茶薇、高粱紅等。大眾化的更多，玫味雙蒸三蒸外有玉冰
燒、糯米酒、杞菊，也有果味的如北芪南棗及橙花等等。時至今天再沒
有人會提起，事因太老土寒酸，有失身份了。若沒有歐美名人禮貌上的
認可，這隻名酒便只有在世上消聲匿跡。

沒有人是天生喜歡喝酒的。是後來沾染及嘗試得來的。但釀酒是一門大學
問，入口也是一門學問，而且是百份百的文化成果。這自然輪不到筆者置
啄。今天沒有喝過唐酒好地地，但無喝過紅酒便好像太不成話。猶如不懂

現代化、民主、科學和人權等普世認同價值。

傢私 —— 安樂窩升格為歡窩。我們家中除了少數對傳統酸枝柏椅情有獨鍾外，大多用上西式傢俬。由室內裝飾至傢俬多用上不同布料。窗簾布跟梳化所用的，花樣與質料便大異其趣。這是過去數百年來，西方社會由帝王權貴而至平民百姓揉合而成的結晶品，我們卻一覺醒來便全盤承襲過來。以往數百年中，他們家中室如懸磬，哪裡談得上室內裝飾及傢俬。稍為富裕一點的，家中才擁有一張橙，一張枱，當然也就是專為一家之主而設。有客到訪時，尊為上座稱作chairman，主席，倒也符合我國民情。其餘統統只有站起來，或踎起來，不讓國人專美。當時，自然不是以議事為主，但沿用至今更成為議事時的主席一職。

那張所謂枱，其實是架起來的一塊板，用以放置家當。有點家當的便長一點，成塊長板，也就是board，與議事無關。一塊長板，自然功用無限。不放置家當時，自然可以多人圍籠起來大談正經事。沿用至今，那塊長板專門供作談論正事，特別是生意上的稱作board，那議論的場所的特徵就是那塊長板，也就順理成章的稱作boardroom。今天，有份圍著那塊板議論的可以說是身份象徵，on the board，當然不是坐上枱。有資格圍住張枱議論那一少撮便稱為董事，board member或directors。

衣裝 —— 衣服才是工業革命之本。蒸氣機便是首先應用在紡紗織布之上。這也多得西方人從印度輸入以棉為布及漂染技術。其中最大優點是令他們的衣服的破爛機會大增。其他優點包括輕盈、顏色鮮豔。那時

候，男女的衣裝多以皮革或植物纖維製造，擇其粗獷的部份編織而成。新穿時，大有可能損及皮膚。談不上什麼色澤，但很是天然而且耐用，可以世代相傳，是遺產中主要部份。傳到下一代時便柔軟得多了，珍而重之。雖然絲綢早已傳入西方，但為權貴所專，百姓免問。自從引進棉布及漂染技術，服飾從此大大改觀。首先是柔軟輕盈，穿上身時，就是簇新的，也不損皮肉。加上天堂才有的色彩，如何不大受歡迎，女士們恨不得穿而時換之。有心人士自然千方百計，推陳出新以求凸顯女性的體態美。時至今天，講時裝，始終不離歐洲，實非偶然。

餐具 —— 我們之使用碗筷，每人一份，從何時起，未能深究，但最少過千年吧，那時大概是北宋。古西方社會中，上下無分，飲食用具，簡單而實用。一把匕首隨身帶備，也不單是用作武器防身，更重要的是它是唯一食具，充饑時用以切割食物。家庭缺乏一點的，便只有一家之主擁有的一把，全家共用。還不過是過去這三數百年間，個別分用的食具才漸次在民間廣泛應用起來。用餐時，一人一份，放到自己面前，用自己那份刀叉。五、六十年代，那時香港，只有西餐廳才供應西餐，還要用上刀叉，以示尊貴。真的給人不同的體驗。五十年代，歐美人民還在接受報紙上教育如何撥用電話。同樣，我們的報上專欄也向讀者介紹如何正確使用刀叉，以免在洋鬼子面前露出洋相，民情可見一斑。

花街茶座，大排檔 —— 正如彩虹，文化上的彩虹，貴乎多樣化。中外各異，各自有箇中精神內涵。在歐美國家逛街時，每每見到烈日當空大熱天時、餐廳及咖啡座門外的座位總是高朋滿座，熱鬧非常。內裡開足

冷氣，卻空無一人。要是有客，多數是唐人。我們唐人要歡茶，傾偈聯誼何用身水身汗。他們大概也能同意我們的想法，只是他們有自己的想法。當然我們很多人也明白他們的做法。這正是各適其適，可說是文化的各自引力，跟優劣無關。又常見到有單丁男女，大自然的衣裳，架上大陽鏡獨自一人揀當曬的枱一邊看書一邊輕唇淺酌，不勝自歡。紅酒白酒，各自有醉人之處，醉人之處就是讓人建立自己的專有空間。所以他們並不以酒的喜好為身份象徵，因為喜歡哪一隻酒是很personal的體會，一如知音者。其實，我們對身水身汗的公共空間有天生的好感。光顧大排檔是一般大眾向廚房師傅功夫的致敬。即叫即製，即製即上碟，隨即上枱，鑊氣貫日月。此時管它什麼情調，歡番杯還是其次，圍起來，齊齊起筷，不可辜負一番鑊氣。當街當巷大快朵頤，也不辜負天地所賦予大眾的空間。

紅酒白酒或任何酒類都不是現代發明，是最古老的東西，是氣候地理融會當地社會文化而成。由選料到釀製至蘊藏，每一環節都是民間智慧與文化的結晶。到入口時，又是文學與藝術發揮的時候。他們對入口的描述既深且廣。體態、風韻、色香味中，每一環節都層次分明，飲後齒頰留香，給味蕾留下餘音裊裊。酒評家從多方面堆砌文字如下：讓人自我陶醉──smooth、pallet pleasing、robust、elegant、warm、inviting、hints of …、touch of …、bubbly delightfully refreshing、mellow earthiness等等。描寫品質──rich flavours of …、bold fruit flavours、full-bodied，識歡之人差不多可從入口便能道出是什麼佳釀、年份、產區出的葡萄所釀。

跟西方相比，我們可截然不同。自古，識歎之人多是描寫美酒給人之意境，如何與情懷相得益彰，並沒多見描寫酒的本身。重意境的同時至有「醉翁之意不在酒」傳誦千古。要不是便來一句「酒入愁腸，愁更愁。」胡亂給人東拉西扯，很是無辜。沒人在酒的品質面貌上堆砌文字，流入坊間的或發自坊間自然更少，所以品酒文字的多寡不表示對酒文化的高下。據一些西方學者研究所得，證據顯示，酒的出現最早的就是中國。約八千年前，西方國家所認同的文化發源地，今日之伊拉克，也要遲二千年。今天，我們當中自詡紅酒飲家大概沒有多少個能領略紅酒中之精髓，更遑論酒之出現。與西方不同，唐酒的釀造以五穀為主：麥子、高粱、米糠等等，也有以其他果品發酵後蒸餾而成。如何塑造箇中可人之處便是文化智慧與地方風尚的結晶。其所環繞著的卻是一門很是隱蔽而高深的學問，代表著地方特色、家傳秘藝。其中酒精自然是主體，是酒之所以是酒之所在，但未經雕琢。沒有人喜歡純酒，人們所傾倒的是醇酒。在科學未出現之前摸索，經無數世代揣摩相傳而成。如何令人陶醉其中卻是總酸、總酯。總酸起着對酒精的緩衝作用及對酒香起烘托作用；總酯在呈香過程中起主導作用。這對活寶的多寡和相互的配合，千變萬化。便有賴釀酒家的想象力去發掘，點滴相傳下來。

千百年來，從釀製到入口，所經流程，中外如出一轍。釀酒的酒坊，專賣釀酒，酒莊從酒坊購入大量各類品種後再作調配，分級別、蘊藏、入樽，貼標銷售。香港以前的酒廠如和發興、嘉禾、中原、醴棧等便是釀酒的酒坊。法國的Rothschild、Medoc vineyard和美國加州的Almaden也是酒坊。這樣酒坊和酒莊的分工其實很有現代氣息。你看：今天的名牌

衣著，Tommy Hilfiger、Christin Dior、Armani等等，哪間是自己廠房生產的。iPad、smart phone如是，哪間不是從大陸或更便宜的「酒坊」釀造出來。1924年，法國的Baron Philippe de Rothschild率先打破成規，實行自產自銷。這不單只是革掉酒莊的功能，而且改變了飲酒文化，也催生了今天的評酒導向。同時把千百年的分工傳統打破。從此中外車途異軌。

齊齊歎，齊齊愛護

說到街邊飲食文化，我們（香港）另有一套。各式大排檔，擺放在街邊的食檔，摺枱摺櫈齊備，還有筷子，放在桶內。衛生程度高低不一，但顧客不絕。由晨早起：豬腸粉白粥、咖啡奶茶，至下午魚旦粉、燒鵝飯雲吞麵直落，有板有眼，自成節拍。其中鑊氣加上食客們的高談闊論，日日如是，由朝到晚，可謂活力貫日月。這是中國人愛群體愛熱鬧的文化。很多人必然記得或多所聽聞在五、六十年代的香港面貌。到戲院看戲，很多人是扶老攜幼的。戲院外滿是食檔，豬皮魷魚、凍蔗熱蔗、牛雜鹵味等等，還可帶入戲院內。其中更有「不良零食」，又熱氣又毒。但不用怕，嫲嫲或外婆總是帶備金山橙以資抗衡，在影院內摸黑給孫兒邊剝邊食，也不計較戲中內容好不好睇，總之就樂也融融，熱鬧非常，又熱氣騰騰。那時一般戲院還未有冷氣，熱是肯定少

不了。那時的觀眾不會靜靜看戲，還有人吸煙。但從未有人互罵，更不會動武，就是正在上映武打片。以我們的國情，人口眾多，居住密集、愛群體愛熱鬧才是和諧社會的泉源。否則互相憎厭鄰居嘈吵喧嘩，劍拔弩張可以想見。這可說是香港對廣東嶺南文化的承傳發揚，純香港地道氣息(indigenous development)曾經盛極一時。現代學者大概會有成籮的分析，如：agricultural heritage農村社會傳統、family value家庭觀念、community bound社群凝聚力（「街坊」兩字更為貼切）、spirit of sharing共享精神，齊齊享。其實道理只有一條：自己的空間雖然很細，但公共空間無限大，大家不約而同的尊重公共空間，有人搭枱，也不要求問准。共享空間，空間是讓人齊齊歎的。對公共空間踴躍參與，齊齊愛護。可惜只是逐漸式微，但願不至湮沒。

一種文化受到廣泛接受便會流行起來，成為時興。時興與否自然不表示優劣高下。米高積遜才藝雙全，廣受歡迎，實至名歸。跟很多人一樣，筆者由青年聽到今年。貝多芬的《快樂頌》是跨世紀的世界名曲，但不流行。筆者就由一年班聽到九七回歸之夜仍然感其喜樂澎拜之情。再偏門的，鄧寄塵的《呆佬拜壽》以短篇諧劇灌注樂章，把時代氣息、倫常之情表露無遺，是後世研究廿世紀廣東民情不可或缺的資料。至於潮曲更是門高狗大，閒人免進之境界。

文化交流是一樂事，否則不會有「讀萬卷書不如行萬里路」之說。可知書本知識遠不如親歷的體驗。增廣見聞，嘗試新事物，不易樂乎，領略異同，但不必比較高下。這原本是最終目的，國人持之久矣。能淺歎其

優異之處樂在其中便是最大收穫，能採長補短是額外的收穫而已。

也不知從何時開始失去了那增廣見聞、領略異同的本能，新事物湧至，不再能領略異同，又不比較高下，而是全單照收。今天人們出國，除了見識歐美社會，更重要是掃貨，由Prada手袋、金勞到香水。宮殿式的城堡，美侖美奐。回國後，移山填溪，依樣也起一座有何不可。西方的花花世界，原來通通可以用錢買回來。至於歐美社會是什麼也就不必深究。如此思維，也沒有說話可講。

歎世界與品味，
誰的品味。

西方人士要在歎途上摸索，經歷比我們漫長及多費心思。為什麼現代手袋不在中國或埃及首先出現？手錶又是集藝術、科學、實用之大成。日本抄習猶勝原創，是如假包換的「A貨」鼻祖。但精神基礎，自然還是以瑞士錶藝為依歸。這一切自然根源於西方人民大革命，慢性的、悠然的。稍為顯著一點的是十四、十五世紀間出現的所謂歐洲文藝復興，一點一滴開始聚積。至十五世紀時意大利人Giorgio Vasari才稱之為Renaissance。很明顯當時沒有人知道他們正在身處這場文化大革命中。

這是一個純發自民間的文化運動，跟二十世紀的文化大革命不同。它不是由領導人發動，搗毀既有文化或破舊立新，而是溫故而添新。當時的有識之士，有感社會泛着一片迷霧，茫無所終，道德淪亡。從故有先哲名賢中尋找依歸，發揚並拓而充之，所以是rebirth（溫故重生）。稱

作「文藝復興」加添新野、新領域，大加特加。改變人類認知自身以外事物及表達自己，不再環繞着上帝、皇帝、是非軍事、非宗教，並以藝術來表達人的感情，對事物的看法和感受。世人熟識的如米高安哲羅Michelangelo和達芬奇Leonado Da Vinci，是藝術科學綜合家。但他們的突破並非閉門造車而生的。那個時期，不知怎的，整個歐洲充滿着這類天才，不禁令人懷疑上帝是否偏袒西人。

西洋畫有如一覺醒來便把立體感注入畫內，由線條運用到清晰強弱把遠近景物透視出來。今天西方口頭禪中「perspective」便出於此，以譬喻從這一角度看，能洞識事物真像，透視真實內情。人像胴體，由平面直覺到寫實，有血有肉，在課堂上所見到的便有如此分別。刻畫人體原本就是美術重要一環，對女性胴體中胸脯刻畫尤為細緻。之前乳房刻畫成球狀一般，經文藝復興中演進，用色調、光暗強弱、圓渾無瑕的把這個母性象徵，顛倒眾生的乳房活現紙上。Hallelujah！功德無量。又可把窗前明幾上的一盤生果刻畫出生機及溫馨的氛圍。

畢竟數百年下來，整個西方社會便融會在這浪潮中。歐洲文藝復興還奠定藝術中審美的標準。說來簡單，這些線條、色調、光暗強弱會聚起來便成為一切視覺上、觸覺上的優劣所繫。影響所及達至音樂、飲食。從飲食進入歎的境界再不簡單了。色香味是起碼而已，還要配上風土文化。依米芝蓮的看法，最靚的法蘭西多士就絕不可能在我們的茶餐廳出現；Oeuf naturelle一定在法國；滑蛋蝦仁也就只能在昔日的茶樓找到。

也是異數，一個達芬奇，跨世奇材。功於藝術不在話下，他尤為對人體洞察秋毫，由內而外，從骨骼架構、筋肌分佈、器官體態。與今天醫學倡明之解剖人體所得相比也不遜色。典籍中顯示，他曾跑到亂葬崗，從觀察人體死後的腐化過程而有所領悟，有如佛家坐禪中之白骨觀的意念及力行態度。他以神來之色調表達出來時更配上風韻，這便是藝術中之極品。《蒙娜麗莎》（Mona Lisa）不比街上所見的西婦漂亮，其實有點鄉氣。但她所散發的神態卻是建築在不折不扣的血肉之上。看著她，你不由自主猜想她在想什麼，這是集科學藝術之大成。達芬奇的其他作品也是一樣，可稱入世之美。他也是一個最富於幻想的工程師，對機械的幻想更是天馬行空。他遺留下來的草圖中便有降落傘、單車、四両撥千斤的「油唧」（hydraulic）、潛水鏡、水力鬧鐘、摺枱摺櫈等等。連直升機也給他想到，真是無人能及。

米高安哲羅同樣名重當時，流芳後世。不用到過梵蒂岡，也能從圖片上觀賞到他的作品。他的傳世之作中，那幅在教庭Sistin Chapel天花板上仰臥而繪的聖經故事更是代表作。典籍中記載他在作畫時，搭上高台，直達天花板上，舖板以便仰臥。顏料是自己一手一腳從沙石、礦物質甚至蛋黃等物料調製出來的。動筆前先以意大利批盪塗抹，有如化妝時的粉底。待乾濕適度時，迅速塗色，不能有失；提筆（有如掃把）時，畫油滴流滿面，目不能視。就這樣歷數年而成。他對人卻有另一體悟：造物者之神妙。刻畫人物時，以人體表現上帝的傑作，是對神權的歌頌。達芬奇和米高二公，同時行走佛羅倫斯，同樣名重一時。他們相識，卻不相好。達芬奇比米高年長廿載，堪稱長輩，但彼此間甚至有點過不

去。證明「同行如敵國」也是普世價值，又可能是西方社會沒有著重敬
老這一觀念所致。

一個文藝復興的歷史時代豈是達芬奇、米高二公所完。楚漢之爭也要
陳勝、吳廣揭竿帶頭。這是一個革命性的時代，直接開創人類後世的
審美眼光、品味的高下。由一幅畫而至衣裝及日常用具，從色澤而至
形式，無一不受薰染。被我們久違了的裲帶，用上大紅大綠再加旁白
「長命富貴」，今天被視作「大鄉里」了。裲帶還是有的，靠老番不亢
不卑的用着，今天都摩登了。十七、十八世紀，西方也在談論摩登
（modernity），至今也有好幾百年了。中世紀末，他們也稱作黑暗時
代。約十三世紀，人口膨脹，疫病更替，跟其他歐洲地區一樣，意大利
半島的城鎮國互相吞併，商業卻異常繁榮。有錢階級大增，而且富貴迫
人。在佛羅倫斯更是並肩集粹，車水馬龍，符合作為文藝復興發源地的
條件。畫家、工匠及各式藝術家雲集，富貴人家多了，閒情也多了，當
中不乏攀附權貴的生活或對美術滋生興趣的人。他們出資作畫及各式藝
術作品，所以好一些不見經傳的名畫及其他藝術品不在教堂或皇室貴族
手中。這些作品以顧客為上，技巧與內容，特別是內容不再受教廷或統
治階層支配，發揮空間大大擴闊。觀感上，注入光暗，遠近而成立體。
內容更見突破，甚至不再以造物主為主題而重新落筆，說是藝術中的思
想革命實不為過。

革命很難令人聯想到審美，更遑論品味而歎世界。當內容不受縛束時，
加上重金鼓勵，一絲一線自然要凸顯自己才藝，贏取欣賞。這些新貴多

數是經商致富，大有今天國內那些先富起來的一少撮人。作品的題材也就包括市井中做買賣的情景、各類人物百態，畫中甚至有人在聖像面前互相問難。顏料的調製，有以蛋白為主或蛋黃為主。因繪畫的媒介不同，單單顏料一科便可讓他們各顯神通。畫中男女衣裝色澤自然也極盡幻想之能事。時至今天，米蘭之所以成為時裝聖地，你以為是偶然得來的嗎？色澤式樣除了表達外也令自身樂於置身其間。這樣的精神也便展衍到日常生活上。

世界人民共和國

今天歐美社會的生活當然不同於文藝復興時代。生活向舒適範疇以外不斷發展，飲食以及衣飾也向豐富美觀以外精益求精。文藝復興並沒有鼓吹全民要生活舒適、衣食豐富，更遑論歎世界。達芬奇與後來的加俐略雖是曠世奇材，其成就大概與魯班、墨子相若，都是設計家，集幻想與應用於一體。今天的尖端科學家致力於理論物理學 (Theoretical Physics) 也是同出一轍，未能以實驗證明的。主要是走出現有的框框，作天馬行空的推想，無邊無際的探索。文藝復興時期新貴的湧現，正好給予能者新的空間作發展。你有幻想，儘管拿出來，我有錢照起。五線譜，什麼流行曲，古典音樂甚至莫扎特時代以前的古樂也是用五線譜寫成的。但五線譜不是天生而成的，早期文藝復興的藝術文物中就見是用

四線譜的 (The Laudario of Sant'Agnese)。聽今天的合唱團演繹出來，不算悅耳動聽，甚至給人有點陰森感覺。這是一班新貴自成的上流小圈子聚會時向神的讚美歌頌。少了一線之譜，效果不言而喻。今天用上足料的五線譜，一些聖詩，就是凡人，不信耶穌，也會喜歡。

這場如假包換的文化大革命，卻不是破舊立新，而是打開故有的，再加上一線，從故有的框框向外推展出去。這場運動，雖曰「復興」，其實是解除縛束。知所根據，從而開拓新領域，在新的空間發展。不是上層提倡，不是權威鼓勵，只是容許而已。試問哪個政府，哪個總統或領導人能預知新領域在哪裡？在哪裡加上一線，打開框框便是無限的新領域？科學、藝術與及生活的各範疇都是給人發揮的新領域，上至天文，下至地府及中間有形無形的一切也給他們揣摩過。區區審美一環，以嚴謹的藝術態度足可樹立標準，應用到美化個人及生活上也就順理成章的應該普世化。

以他們嚴謹的態度、開拓的精神足可為審美一環樹立標準。人類生在這個世界始終充滿詭異，就在這個審美標準確立後，接二連三的爆發工業革命：法國大革命、美國革命。他們除了建立了自己的共和國外，在消費主義上 (consumerism) 更建立了獨一無二的世界人民共和國。絕無法式、美式、中式或日式消費主義。普世化帶來真正唯一受全人類心悅誠服的是「歡世界主義」。

少做工夫，
多歎世界？

香港拚搏精神中金句之一：「力不到，不為財。」財富有賴努力，多勞多
得，也只有香港人想得出來。同樣目不識丁的也看得懂。「多勞多得」之
後便「多歎」。

各人努力所得主要是薪酬，但對社會並不重要。在市場經濟主導下，社
會所著重的是生產的成果：平、靚、正、多，也就是工商界、學術界掛
在嘴邊的生產效益（productivity）。我們所歎的一切，都不出各人所造，
由洗衣機到手機，單車到跑車，紅茶到紅酒。當你合上眼，看不到落地
窗外的景色，也是經人精心設計，巧手工匠所成。但要生產出這一切所
需的人力物力卻大大變異，物料與能源所需越來越多，生產技術越尖端
化，但所需人力卻越來越少。以往社會的總生產約略與社會的勞動力相
若。今天生產技術越趨尖端化，總生產不斷上升而更豐富更多樣化，所

需人力卻越來越少。社會財富依工資而流入社會基層，至今這機制已呈現脫節。若要僱用全體人力資源來生產，生產所得之總量，以可流入社會大眾的工資是沒法買起生產總量的。總產量往下調時，首選辦法便是裁減工人，直至總產量與總工資相若為止。今天科技帶動生產技術，生產效率不斷提高，所需人力不斷降低，很明顯這是科技代勞。科技代人出力，就是不能讓人有出力的機會，多麼諷刺。

科技給予人類很多很多好處：生活上、健康上、藝術與科學等等。害處卻是妨礙人們出力的機會，在生產中出力，這是今天人們在工業經濟中唯一的謀生途徑。

科技也弄出核彈、毒氣，我們知所取捨。科技在工業經濟中固然重要不過，社會也應費點工夫作出取捨，代人出力也給人出力的機會才是它在工業經濟中的真正效用。

人類從史前至今所見到的，所渴望得到的顯然有限。眼界所及僅達「欵世界」這塊里程碑。有了玻璃後，跟著出現了望遠鏡、顯微鏡，從此眼界大開。自古至今，所見所想的欵世界，便有如井底蛙一樣，今天慢慢好像才看得遠一點。緊隨「欵世界」不遠處卻是大大不妙，不妙程度卻又一時不甚明朗。筆者當年學飛行時，其中有一金句：「飛前檢查，若有絲毫疑點，不可升空。」道理明顯不過，不用學駕駛飛機也知。作者以卑陋所見，不是「人人有世界，自然好世界」。

經濟技術現代化──增加內含，增加就業

以現時的生產技術不斷進步，自動化、數碼化，若工人越勤奮，越刻苦耐勞，那麼所需的工人便越少，工作機會便不斷萎縮。工作能力旺盛的大軍每年有增無減，卻苦無職位。也不知社會財富如何流入他們手中，甚麼量化寬鬆看來幫不了他們。

這個花花世界是給人歎的，大多數人沒有異議。但看來只有可以效力於這個花花世界的人才可歎得到。那些被拒於門外不被接納、效力無門的便只有望門興嘆。百年前全世界在提倡「人盡其才，物盡其用」，那時要「人盡其才」其實不太難，只要人民有田可耕，便可穩步達至國泰民安。國民政府遷台後，痛定思痛，切實推行土改，人人有田耕，有飯吃。當時一般學者，特別是西方學者更認為是台灣經濟成功的基礎，是落後地區的唯一成功典範。「人盡其才」，今天卻不再與田地掛鉤。新的生產召集人的目標是不斷提高效率和生產力，也就是用人越少越佳，沒有「人盡其才」的責任。生產所出卻種類繁多，美不勝收。社會上不少人無從盡其才，經濟產量卻絲毫不減。這是生產力高效率的成果，是「少做工夫」的實現。

「少做工夫」卻帶來劃時代的問題。無論「少做工夫」、「多做工夫」目的都是一樣：多歎世界。有工作才可賺取工資來歎世界，但可以賺取工資的人卻越來越少。什麼經濟轉型、人力智識化、增強個人的競爭力，始終不能增加就業機會。各階層各有各的僧多粥少情況，不過總是有人有

工做的，「正當」的工，更多的是半工、散工、臨時工、無薪的或者自僱人士。這些都是在迫不得已時，要隨傳隨到。在僧多粥少的情況下，應召的，永遠大有人在。在提倡高效率、高業績的情況下，這情況卻似是天經地義。在整個人類社會，越來越多人的工作不能納入為「正當」的工作，是真的「少做工夫」。但有資格歎世界的人也跟著少了。

高效率，低就業，有何選擇。

當今普世認同的是以經濟發展擺脫貧窮。要脫貧便要人人有工做、有收入，不能白做，否則經濟發展便會失去原意或變成托辭。要經濟發展，要擺脫貧窮，說到尾就是要生活好。不是要將社會變作戰場。那便有如下的選擇：

	要	不要
讓你能夠過活和謀生的社會	【　】	【　】
社會以拚搏為主，儼然戰場	【　】	【　】
拚命搵錢，以供吃喝玩樂	【　】	【　】
作息有時，不假外求而歎世界	【　】	【　】
作息有時，身心健康愉快	【　】	【　】
不怕百病纏身，有錢萬歲	【　】	【　】
有利於就業機會的技術	【　】	【　】
單純提高自動化的技術	【　】	【　】
有利就業機會及生產效率的的技術	【　】	【　】
繼續降低工時（早已開始，從七天至今六天，每天十四小時至今八小時）	【　】	【　】

各人可以有不同的選擇，你如何選擇？

這雖是理論上的論點，但絕非妄想。錢，當然可以用來醫病。如果身心健康，病痛便少得多，也不用這麼多錢來醫治。為搵錢，把自己的國土變作戰場或淪為別人的經濟戰場，那自然需要年年往外避難，或稱作旅行休息。二十世紀初，中國乃至世界各地區還是七天十四小時工作，數十年間便降至五天八小時或更少。以今天普遍民智之高，沒有理由不繼續下降。工業革命開始至二十世紀中葉，經濟生產技術不斷發展創新。除了改善生活，提升生活質素，還創造大量工作機會，吸納無數湧進城市的農民。這也是西方平民大眾質素較高之始。今天所有政府，甚麼智囊大談資訊革命、新一輪工業革命，大搞創意，提高競爭力，當作戰場，寸土必爭。但都未能再提升生活質素，甚至破壞生產所得回流社會的經濟循環。很明顯，技術是無罪的，是人如何選擇、善用，是否真的歐美沒有辦法，全球也就跟著沉淪呢？當然還有其他關鍵性的條件有待人們選擇，普天下的人都一齊思考這些問題。當民意聲浪上升，催生共同認知，執政團體便有民意基礎推動真的「歎世界」。

由歎到碳

由 歎 到 碳

由古人類與大自然搏鬥，活命求存開始，已懂得應用能源。這是身體力行，自己氣力有多少便用多少。自己軀體便是能量的泉源，有如發電廠。人力跟水力或煤氣煤碳不同。首先，不用倚靠身外物，自己一手一腳來。不用驚天動地開山劈石探取，吃飽便有氣有力，能否吃飽是另一回事。

今天的生活方式不再需要與大自然搏鬥，我們軀體這發電廠只需要供應約二千五百左右卡路里的能量便足以維持生命。若要晨早下田去，晚上帶月荷鋤歸，上山斬柴、翻山越嶺擔水、用手洗衫煲飯然後織布縫衣。那要加上多少卡路里的能量？若不是定居下來，整天在山頭覓食，與豺狼虎豹搏鬥又要加添多少能量？所需能量可能多於十倍今天所需，但不用擔心體胖或膽固醇過高，肥胖才是身份象徵，不是人人有的。那時沒

有今天的物質享受，連什麼意境上的歡也沒有。需求如此之低，還是離不了碳。今天我們稱之為薪水、薪金，用意就是給人買柴燒飯的意思。燒起來自然放出二氧化碳CO_2。這大概是人類生活上排放碳氣之始。

今天除了衣食足之外，所有日常生活中需要體力應付的都通過機械代勞。機械的發明很早很早，是用水力或風力來推動，這自然不敷今天所需。但也不知是否受到神明特別眷顧，竟然神推鬼使給人類撞上煤碳、石油、天然氣等可以代勞的能源。也虧人類應用有方，後果如何，今天大家可清楚見識到。

工業革命之初，最早要數的機械便是蒸汽機，由瓦特（James von Breda Watt）所發明。據說他在孩童時在家中看見水沸時蒸汽不停衝開煲蓋，卜卜作響。深感有趣之餘大發異想，遂至發明蒸汽機。早期，要發動機器，用的原料自然不外煤碳。首部蒸汽機有如特大封密的雙料銅煲，去掉煲蓋，套上氣筒，蒸汽走投無路，進入氣管推動活門而及槓桿。就這樣，火車、火船（今天叫輪船）、織造機、發電機等等相繼出現。工業革命一發不可收拾！

就是這麼簡單爆發工業革命？試想想若用柴來發動，用量多大。煤碳，黑口黑面，以火爆的熱力，正是首選。以與柴同樣的體積計算，煤碳所含的能量巨大得多，用來推動工業革命可說是天作之合。

煤，世界各地都有，也不太難開採，恆古已被廣泛應用，只是沒有以樹

術作柴來得應手。當然也可把樹木砍下加工成炭。古籍記載，早在二代西漢時已有碳的記載，稱作石碳。唐朝時記有西域山中，夜間見火，日間見煙。今天證實了，原來中國的媒蘊藏量最豐，美俄次之。明末皇帝明思宗就揀在煤山自縊，倒也符合中國帝王身份，搶先了解煤此後對世界發展之重要，而我國正多的是。崇禎是他的年號，名叫「九思」。本應比「三思」倍加穩陣，但在他手上，忠臣明將一一被迫提早成為烈士。筆者老鄉，書生拜大將的袁崇煥，繫國家存亡於一身，不但抗清屢奏奇功，還硬生生打死當世軍事奇才，滿清開宗雄主努爾哈赤，但最後還是慘死於崇禎手中。金庸於《袁崇煥評傳》中有詳盡評述。他原名九思也真貼切──如此思路，不是第九又是什麼！

崇禎跑到煤山，時為一六四四年，當時西方工業革命還不過正在蘊釀，離正式爆發還有約二百年。中國若不是栽在這麼一個王朝，要在這場革命做一哥或可還來得及，不用等到今天當二哥。最終，工業革命還是選在英國發生。一些見解認為思想與學術（包括自然及人文科學）固然是必要，但煤之為能源，動力之母乃必備條件。英國思想與學術的水平自然不在話下，小小島國卻是產煤大國，煤礦業才是英國國情中主要部份，數百年來無數人以此幹活，切切實實的日夜呼吸着。正因為有充份的煤作燃料，在不假外求的情況下無拘無束地發展，工廠林立，煙囪如雨後春筍遍佈全國。

煤碳的棲所有深藏的，也有顯而易見的。要找尋倒也不太難，但要付出不少勞力發掘開採出來。人類自古以來已在不斷發掘開採，於今尤烈而

已。明代科學家宋應星在《天工開物》中有關採煤技術便有如下記述：「掘挖深至五丈許，方始得煤。初見煤端時，毒氣灼人。有將巨竹鑿去中節，尖銳其末，插入炭中，其毒煙從竹中透上，人從其下施钁拾起者。或一井而下，碳縱橫廣有，則隨其左右闊取。其上枝板，以防壓崩耳」。可知當時的採煤技術已很發達並顧及安全措施。今天開採煤礦，礦洞深達數千尺，已屬平常。但常常有塌陷、爆炸等意外發生，死傷無數。經過百多年漫長的歲月，到第一次世界大戰前後，工業革命已很有成就，歐美各國對煤的需求甚殷，各地開採煤礦如火如荼，大量平民百姓便以礦工為業。要了解他們的生活及採煤的工作環境，我們稍為閱讀他們的一些大眾文學作品便可一睹其面貌。以英國（當世一級大國）為例，只有貴族及特權階級才擁有土地，山林池澤及所附屬地面地下的一切物產。一般平民百姓，也就只能替他們打工，耕種漁獵也要向他們取得許可。很多人便當上煤礦工人，他們的子孫也就順理成章的做下去。在礦坑內，既濕且凍，四處積水，雖有些煤油燈，但四週仍是黑漆一片，有人比作人間地獄，時有爆炸塌陷，死傷無數。大命的才可以百病纏身捱到老（也不過四、五十歲）。Cheap labour、child labour有如一群一群魚苗遊走其中，十三歲便可名正言順的當上礦工，想來那時的鬼仔鬼妹大概沒有今天的標緻。十三歲以下的自然不是名正言順，但也歡迎內進幫工。天未光便跟大人摸黑進入礦洞工作，至天黑才回家，每星期有六天是見不到白天的。大概不是被迫，多是父兄唆使的，以助搬運。反正世代相傳下去是順理成章的事，不用為長大後需要另謀生計而擔憂。每當發生事故時，一片呼爺喚兒之聲，今天的安全措施及各國施行的安全法例也多是他們開創的，這還不過是第一次世界大戰之前後的事

而已，距今還不過百年。百年前的中國，內憂外患接踵而來，同樣是民不聊生，但未進入工業時代，若僥幸沒碰上強豪貪官，反而可見天日。其實這也是人類自己找來的。試想想，燒飯取暖或再加一般生活所需，哪用這樣大規模在世界各地不斷犯險開採？

石油的來臨又是另一番景象。石油的應用還不過百多年，那個年代，要開採也不太難。好運的話，在後院挖地種菜也有可能遭黑泥漿噴污全身。這不是單在荷里活的電影中出現，是實實在在的在美國西部時有發生。1859年在美國賓州，有一名行大運之人，也不知是否臨渴掘井還是臨急開坑，才掘69.5呎，黑泥漿破土衝天數十丈，直如水滸傳中洪太尉誤釋一百零八天地煞星一樣。從此揭開石油紀元，也說不定是如假包換的成為地球煞星。

美國才是真正率先成為第一石油大國，隨後世界其他地區也陸續發現，也不太難開採，如阿拉伯地區。其時生產技術進步，以低成本大量開採生產。七十年代初期原油每桶格價還不過兩、三美元左右，也因此令到工業經濟可以在低成本的環境下繁衍。如此低成本，應用上來，所受經濟效益的束縛自然也低。工農業在這樣低縛束、石油無限的時代可真正無拘無束的自由發展。

石油就是煤碳的天生姊妹但比煤碳更熱力四射、更靈活、更多才多藝。它首先以液體姿態易於運輸流轉，應用時乾淨利落，令人有得心應手之感。鐵達尼號當年還是用煤來推動，今天再沒有船隻用煤，就是爛船也

是用油渣的。廣東人對事物的命名很有一手，火水、電油、柴油、飛機油。只需望文生義便可得知其用途，箇中包含層次、身份貴賤。火水，自然與家常生火燒飯有關，帶親切感。電油，一聽便知有雷電之威力，豈可視作家常，用在自己的座駕上最符合身份。飛機油，可用以消遙天際，自然身份尊貴。油渣、柴油，一聽便知幹的是粗三下四的工作，註定是用在擔柴搬石的泥頭車和垃圾車。

油渣、火水、電油、飛機油通通都是從石油煜煉出來的，過程不同而已。產量多少，售價如何，依經濟效益、市場情況而定。只有瀝青或可勉強稱為渣滓，用作鋪路。

除了用作燃料外，石油本身還可煜煉成多種物料。這百多年來，科技不斷進步，對石油不同層次的煜煉，研發出更多更新的物質，應用範圍更廣，所衍生的物料日新月異。塑膠，軟的硬的，性能神妙的人造纖維陸陸續續出現。影響所及，由家內以至外間世界都在廣泛享用着。至於藥物、化肥更是健康與衣食尤關。由家庭必需品至汽車和樓房都可以低成本大量生產，令更多家庭負擔得起，可以擁有，可以享用，並得以提高生活水準和物質需求。這方面科研界及工商界功不可沒，但用料都是來自石油，也就是碳。

石油所衍生的物料迅速取代了很多天然物料如草木和金屬。正因為這類物料應用的多樣化，很多傳統物料不能辦到的任務都有賴這類石化物料去達成。由家庭用品以至太空倉內用品，無遠弗屆。

以碳代勞

工業在廉宜的能源支持下，一個工人開動機器用上多倍的能源來工作生產，生產所得，自然豐盛，令投資意欲大增，連帶整個社會也富裕起來。究其原因，生產所得，除去廉價的能源成本外，所餘還很充裕，勞資雙方要瓜分這份成果也來得和氣一些。事實上很多工作和製品是人力永遠辦不到的，無論用上多少個大力士。人力可以移山填海，甚至可以發電。但是，就是有一萬個大力士的氣力也不能轉嫁到一部小型飛機使它飛上天際。有了石油，再不需動員萬人移山填海了。有了機械，留下數名會開動那些機械的人便行，其餘的九千多人可回家待業。同樣，搭橋築路、建房子等工程只需原來的百份之幾人手便行。其餘的還有八、九千人回家待業好了。

今天的農業生產，除了機械外，還加上大量的化肥及灌溉。化肥廠所用的能源非常驚人，生產所得同樣驚人。機械及化肥都是工業產品，固然耗用大量能源。灌溉也越來越繁重複雜，同樣需要大量能源。畜牧業及漁業也跟著工廠化。恆古以來，家畜類除了死路一條外還有自己短暫的生命。今天連什麼生命也談不上。稍有規模的農場都採用人工繁殖，集中一起作有效的餵飼直至屠宰或運銷到市場。期間每隻禽畜只是苟存於那生產線上，每分每秒受到準確精密的支配和生長效益的監控，怪不得被稱為「農廠」，遠洋漁船則叫做「海上工廠」。漁獲「即捕即解」，埋岸時早已宰割清洗、包裝整齊美觀，付運應市，供應不絕，無需搶購。今天世界各國，從事農業生產的人大幅急速下降便是這個道理。生產效

率蒸蒸日上，全機械化、自動化，只是不再由人手推動。八十年代，加拿大東岸原本十分蓬勃的漁業已奄奄一息。筆者當時參觀了加拿大National Sea Products Ltd在盧嫩堡 (Lunenburg) 的漁船。雖然腥臭難當，但科技裝備很完善，所用的拖網也就是多年來備受指責，長達數里的天羅地網。出工時，迤邐而行，或乘風破浪前往大漁場 (The Grand Bank)。依科學數據指引，依時依方位施放，還加上回聲 (sonar) 探測器確定魚群所在方位。如此，魚獲大豐收，吃飯時的枱面便不斷豐富起來，令一般大眾口福多姿多彩。到今天還達到另一境界——廚餘問題。這不是海產的專有現象，其他飛禽走獸也逃不出相同命運。令人們的口福更多姿多彩更燦爛，和引致更大的廚餘問題。

Grand Bank就在加拿大紐芬蘭省對開的廣大海域，屬於北美大陸層礁 (continental shelf)，通常只有三數百尺深或更淺，有如海底平原，稱作近岸 (bank)。其中海洋生物有大有細，生氣勃勃，是海洋下的天堂。海中植物爭妍鬥麗，也成為魚類海產棲息之所和搵食之處，在任何有關海底紀錄片都可看到。在北大西洋中，其中最大的就在加拿大對開處。因為最大，所以尊稱為The Grand Bank。

漁船在裝備齊全下，網無虛發，就這樣一網打盡，絕無漏網之魚。非目標之類如海豚、鯨魚、鯊魚等等，也一網成擒。在陸上的廠房內很潔淨，在收魚區，魚獲經過管道，從天而降，落入大槽再轉入清洗機，刮鱗清理。到這一階段，還未經任何人手。下一程序是沿線而下到起柳，但仍然是機械操作不經人手。這時，一條魚被兩邊起出魚柳後，還有很

多肉附着，沒有用了，便作廢料處理。還好，廠方把它們搗爛作雞飼料，算是沒有浪費。這裡便是分流點：魚柳一邊，作廢的一邊，從此各奔前程。有給人果腹，有給雞助長。以魚柳果腹的無數人之中恐怕沒有一個曾參與製作魚柳事宜。他們可以是在銀行計數、駕駛巴士，或是收數佬或其他工廠工人。作為魚柳，倒也絕無歧視，打你自稱愛國抑或被指漢奸，總之「任君魚肉」。National還是有一批工人的，他們只處理上價魚，下價魚及損壞了的便集中處理，壓成板塊急凍後，機器切成長三角形，拚粉後即炸，那就是Fish & Chips。本應即炸即食最好，但炸後又是急凍然後包裝。這時又另一組工人，全副衛生裝束，一手抓上指定數量的炸薯粒配上炸魚入裝。那指定的數量原來也有科學根據，務求不用細數，以省工快速為依歸。抓在手中，要一目了然，不夠的再加，多出的就減到夠。在生產線上，沒有給他們細數的時間。如此一間有規模，講求效率的機構，也有健康的盈利，但最後還是給更大的公司吞併。吞併後，自然裁員相繼而來。除了漁業從業員大量失業外，跟著來的便是漁業崩潰。一直以來吃之不盡，捕之不遏的鱈魚（cod）盛產於北美東北沿海，但天然的繁殖與生長率終於追不上日新月異的技術大量捕撈，於九十年代終於絕跡。以捕鱈魚為業的人便只有失業或永久性的開工不足。其實不只鱈魚，整個漁業也受到同樣壓力。如是者，各行各業所需人力越來越少。

在富裕社會裡，體力勞動的工作少了，變成真正的「工不應求」。但糧食供應卻越來越豐富及多元化。千百年來幸運兒以肥胖驕人，今天則比比皆是，氾濫成災。

沒有人喜歡日日食十碗飯、十條魚或十隻雞。所以量多,並非是致肥主因。糧食生產多了,總要想辦法賣出去。於是各出奇謀,廚房有廚房的創新,廣告有廣告的渲染。為的就是討好你的舌頭,色香味,以大龍鳳的規格出場。食材中,只要精挑細選的部份,其餘大部份並不重視,甚至丟棄。由多士奶茶或白粥腸粉到深夜啤酒夾幾款小吃,當中午飯、晚飯穿插其間。每日廿四小時中,無論你多刁鑽、有錢無錢,每刻都有合胃口的美食侍候,豐儉隨意。燒鵝脾吃膩了,可改吃法式duck confit。這樣一個世界,如何不肥婆肥佬當道。人們可做的工作卻越來越少,真是少做工夫,多歎世界。

能源古今

數十年的人生舞台不長不短，但在人類舞台中只是片刻。打燈照亮這舞台上的世界所用的能源依次是：日光、人力、水、風、碳、化學能、核能。日光由太陽而來，它出現時便一片光明，萬物欣欣向榮，否則便成黑暗世界。它是絕對不能主動留住、儲藏。人類想要的卻是主動權，「能」化作自己的能力。我們口中的能力有人力、物力、動力、風力、水力等等。撇開說文解字不談，「力」才是「能源」的效用。「能」可作能夠、可能。能夠成事的泉源是「力」。真的「有氣有力」替人類出力才可稱作能源。中文字中，哪個字比「力」字更確切展示幹活的境象？耕耘、犁耙等字樣哪及「力」的模樣？

能源──CO_2的前生

各種能源之中讓人類有主動權的大概只有一種──碳。工業靠能源，包括煤、石油、天然氣。把它燃燒可以產生能量，熱和光也就是能量的一種。燃燒是化學作用，在釋放能量的時候，燃料中所含的碳與空氣中的氧氣起化學作用而成廢氣二氧化碳（CO_2）。這是無色無味比空氣略重的氣體。有吸收陽光內的熱能特性。CO_2浮遊在大氣層中積聚越多，吸收太陽的熱量越甚。使地球有如置身溫室之中，慢慢溫暖起來。

煤的廣泛應用還只是用碳的開始。碳（Carbon，化學符號是C）是很多燃料的基本元素，如石油、天然氣或煤氣、甲烷。其實石油稱作煤油更為合切，這是億萬年來深藏在地下的腐朽植物受高壓而成。動物遺骸則變作化石，如恐龍化石，魚類化石。北京鄰近的周口店出土的北京人頭骨也是化石。因此那些深藏地下的動物遺體便統統稱作化石。煤、碳、石油、天然氣或煤氣、甲烷等等便統統稱作化石燃料。植物的本質便是碳，所以所有的化石燃料只是植物的還原。

其實不單只CO_2是溫室氣體，其他氣體如甲烷（methane）、二氧化硫（SO_2）、氧化氮（N_2O）等等皆是。這些氣體之中，甲烷的吸熱力比CO_2更大數倍。但CO_2最多，佔總溫室氣體達59%。總稱就是溫室氣體（Green House Gas），影響到地球暖化，就稱為「溫室效應」。

碳，以黑口黑面面世，廣佈世上各地，其中以中國、美國及俄國蘊藏量

最豐。大概是幅員大的緣故，數千年來默默替人燒飯生暖。就是作惡也是人類自己找來的，每次燃燒時與空氣中之氧氣化合成二氧化碳和可致命的一氧化碳。有不幸者以燒碳來結束生命實是不幸中之不幸，有負碳之美意。它數千年來助人溫飽，至今負上惡名。人類數千年來不斷燒碳，不斷排放二氧化碳，以天地之大，還可徐徐包容。可是自十八世紀工業革命降臨，煤碳走出廚房臥室，走進工廠從事紡織製衣以至生產鋼鐵。從此煤碳的用途日漸廣闊，CO_2的排放日增。這還不過是二百多年前之事。工廠可以大量生產各種產品，其中有輕工業和重工業。鐵路及其他運輸工具則將產品迅速運送各地，可達世界每一角落，人類的物質生活得到空前改善。

近百多年來，這類以碳為本的能源，開採技術進步神速、價廉，好像用之不盡。近數十年來能源的應用可以以多、快、廣來形容。廣，便是不斷擴展到前所未有的用途，也因此形成各行各業可以在低成本的環境下擴展。開始時產品就是必需品、耐用品，慢慢轉化而成時尚品、消費品，或更直接的消耗品。手提電話還不過在八十年代期間才出現。當年，過馬路時，手執電話，旁人若不及時報以艷羨目光，就是未見過世面，差不多連差人都要敬禮及替他開路。在茶樓飯店中，若能把那一塊磚頭大小的手提電話放在枱上，自我感覺便非常良好，有如威風八面，高貴驕人。數碼相機要到二千年後才真正流行。衣服鞋襪更是年年新穎，季季不同。新的產品，甚至固有產品的廣告日新月異的向你日夜灌輸。有這樣的經濟才可誘發能源的不斷增產。比起五十年前，今天的經濟體系增加不知多少倍，石油居功至偉。這樣就給石油企業無限鼓舞，

對勘探開採的投資不斷加碼，使開採技術常有突破。早期開採，有如掘井，只需掘地。但世界上石油的蘊藏量有一個極限，但是又好似無限。這裡掘完，往遠一點的地方一掘，又有。就這樣越掘越遠，越掘越深，到今天容易開採的早已抽取了八八九九。今天的掘地也不再簡單，使用地心爆破，再以高壓蒸氣迫出。深海鑽探（不是為了淹人耳目），在深海中掘地之前，首先要進行深海勘探。有了頭緒，才可落注，還是賭賭運氣，最多只能說是根據科學數據的賭博而已。近年更進一步，向北極打主意。北極雖然是一個大海洋，千千萬萬年來都是終年冰封，把海洋淹沒。由於地球暖化，近年夏季的時候，冰塊大幅溶解，露出海洋，而且越來越嚴重。科學家推算不久將來，冰封將會消失，所謂北極也不過一片汪洋而已。不用等待時機的如加拿大的油砂、頁岩已急不及待進行投產。 油砂顧名思義，沾有石油的泥砂。盛產於加拿大西部，開採時便有如把山河大地翻轉過來。推土機往往把半邊山挖成深谷。油砂需要高溫把石油分解出來。所需大量熱能與所得石油對比，其收成率其實很低。在石油無限的時代，絕對不會出此下策。煜煉時還產生大量有毒液體廢料，嚴重破壞生態環境。頁岩就是含有石油的岩石，正常環境下可以燃點。同樣需要大量熱能，用高溫分解，也嚴重損害環境。

能源豐富的後果

人類自古以來已在不斷發掘開採資源，於今尤烈而矣。開採石油也有不同的犯險情形。多年來在北歐的北海開採石油便在深海進行，平常的風浪也數十呎。而在墨西哥灣深處，2010年英國石油公司在四、五千呎深處開採時，原油從海底深處滾滾漏出達數月之久。嚴重污染方圓達數百里，海產業受到破壞，至今還未能復原。再前幾年一艘超級大運油船Valdez在阿拉斯加州一港灣內擱淺，大量原油漏出，污染數十里，嚴重破壞生態多年，至今還未能完全復原。其實類似事故時有發生。輕微一點的或新聞價值不及其他事故的便不見報而已。

本來石油生產乃人工體力作業，是美國的典型個體戶工業。1862年，美國Homestead法案通過：美國立國後鼓勵人民西移擴張立業，自行劃地建立業權，然後政府確認稱為Homestead，不用平分地權，先到先得，實在不能不感激上帝。很多人便自行劃地，一劃便一百六十畝（比維園大得多），半壁山河平常事，反正又不是別人的土地，是「紅番地」而已。有的務農或種煙草，有的畜牧養牛。經這位賓州大兄破土後，才翻天覆地的掘，齊齊掘。Oklahoma與Texas乃至California等州份此起彼落，石油衝天。堪稱石破天驚。

若石油只用於代替體力工作，大概不會有今天的花花世界。但世界之大，云云歷史文化悠久的地區之中，石油之成為首屈一指的大工業，最終還是選在美國發生。若他們安於用作點燈也罷，但產量之大令用量

追不上，那便自然要擴展銷路。價錢之廉，自然有人動腦筋發掘其他用途。由點燈、取暖而至工廠繼而發電，用於內燃機作燃料更直接縮小了這世界，把人類拉近，打成一片。觀之中東各國之爭，也真的打成一片。

近數十年來，雖然蘊藏量（藏於地下的總量）不斷急速下降，但總的產量（開採出來的）從未下降，油價卻不斷上升，人們卻不斷用得更多，用得更快：

　　石　油 ── 人類從開始至2007年用去11000億桶。

　　　　　　　　自1959至2007所用佔百份之九十。

　　　　　　　　自1986至2007所用佔百分之五十。

可見單是過去廿多年便用去百多年來總和的一半，真是一日千里。

　　天然氣 ── 自開始至2007年用去1030000億立方呎

　　　　　　　　自1964至2007所用佔百分之九十。

　　　　　　　　自1990至2007所用佔百分之五十。

同樣不到廿年用量佔總數一半。不單是每年遞增而是「幾何級數」遞增。什麼幾何級數，多囉唆，扮玄奧。其實是大大的倍增而已。

電力，這是中國最急需的，平均每週增建一座火力（燒煤）發電廠。若加上印度、巴西等正在冒升中的國家，一年之中，數量可以想見。我們也可以推想時代的不同對電量的需求。五十年代敝鄉東莞，也是袁崇煥老鄉（世人多愛高舉顯赫之士，認親認戚，筆者豈能幸免），今天的世界工廠，整條村只有在鄉公所的一盞電燈，可能是二十火，不用燈罩，

用盡那二十火，高吊中央，倒也　室光亮，電話　台，用時（好像永遠伺候著等你發落），只需用手絞動數下，便可輕易經由總機接駁到省城（廣州）香港或全國，方便無比。跟全國各地農村一樣，村前有一大空地，稱作「圍面前」，用作曬穀之用，也可用作曬柴。在香港鬧市中，碩果僅存的，便只有在九龍城的衙前圍村，而今被人用作泊車。小時跟叔父返鄉下，常常在圍面前跟鄉里小兒追逐玩耍，偶爾黑雲驟至、風雨欲來時，鄉人吵架或打架也不惜放下，急不及待，火速收柴。給粵諺中「落雨收柴」佐以實例。雨過天晴，架也錯過了。在圍面前之前有一大漁塘，供作食用。鄉里小兒在水邊嬉戲，鴨兒三五成群跟著鴨乸漫遊。黃昏時農夫牽着牛徐徐向村子走。這是筆者兒時親歷實況，詩云「帶月荷鋤歸」，並無虛言。再推前二、三十年的英國及整個歐洲大陸，對電力的需求也很是有限，除工業生產外，一般平民百姓所用，不比我國高出多少。就是那些環繞著煤礦及各類生產工業聚居的人，他們家中絕少有電燈水喉。如廁時則需上街，席設中央，但燈火欠奉。所以上廁辦公一事多要天黑前了斷。倒也能給人養成一良好習慣。跟前面所說衙前圍村週邊一帶，在五十年代的光景也大致一樣。

那個世代，人類對能源的用量不大，但它服務世界得恰到好處。是少吃多滋味的實例。

石油供應源源不絕，加上價廉是對工業發展最實際的支持，比什麼政府鼓勵計劃或減稅更有效。燃料價廉就是生產力的一大保證，除了生產量外也增加投資意欲，今天世界紛爭的根源絕大多數也源於此。沒有石

油，伊拉克、北極海、南沙群島，那些紛爭也就沒有這麼起勁了。石油
奠定了全世界的經濟體系，全世界給它寵壞了而不能自拔。石油好像主
宰經濟、社會發展，就是可以減少用石油的地方，也得用上其他碳本能
源。

著名生態學家沈德生 (Eric Sanderson) 羅列了一班彩色紛繽的人物，他
們也不過是活於過去那二百年罷了。當中一些，我們可以看出是差不多
直接把歐世界大眾化。少了他們，便不可能成事。最快也要等到下班車
湊齊另一班與他們同樣造化的才可成事。

粗略的把他們串起來，他們是：

法國人，拿破倫時代，Nicephore & Claude Niepce 兄弟。

法國人，Francois Isaac de Rivaz。

美國人，Silliman（耶魯大學教授）。

美國人，Rockefeller。

德國人，Karl Benz（平治）。

美國人，George Selden。

美國人，Henry Ford（福特）。

這裡把他們串起來，每人所帶的色彩果然造就一個花花世界，更重的
是把這個花花世界帶到你面前。如興之所至，把你帶去也是輕而易舉
之事。他們活在不同時代，不同國家文化，什麼生平抱負更互相大異其
趣，不受外國勢力指使。

千千萬萬年來，要走動，翻山沙水，最可靠就是自己雙手雙腳，在拿破倫的法國時代，正是革命尚未成功，天下仍然大亂。Niepce兄弟卻發明了一部內燃機，化燃燒為力量，裝上船來開動，乘風破浪。不知怎的，那船命名暗通中華文化中通俗情懷，名叫Le Pyreolophore「風火輪」。不錯，哪吒那架風火輪（英語系世界叫作fire-wind producing machine只能釋出其科學一面，未能掌握意境）。這是一件影響後世翻雲覆雨的一件事物。在里昂附近河上招搖，賣相自然古怪，老番如何接受得來，引得岸上人走避的走避，有勇敢的爭相報以亂石磚塊，唯恐愧對街坊，好不熱鬧。所用燃料有頭有面，其中一種叫作Lycopodium moss（即青苔一種），有如廿四味，加上碳灰、樹膠便成。最後得到國家認可，皇帝面授專利權（patent）。這對兄弟往後還對攝影技術作出貢獻。

也是法國人，差不多同時，Francois Isaac de Rivaz他沒有發明佳釀，卻能讓氫、氧混合，加以「引爆」來推動木頭車。直接衍生了今天號稱高科技的fuel cell。還好，也獲授專利權。

講石油，不能不講美國人。耶魯大學一名教授Silliman。他與私酒經營無關。數百年來美國淹沒在私酒之下，市井上叫作Moon shine，大概以此對月暢飲份外明，大有唐詩境界。製造私酒沒有什麼奧秘，是家庭工業，早就全球一體化。上兩代的圍頭人（即新界的鄉間人）也不假外求，自蒸自飲。米糠撈埋酒餅，發酵好後，經蒸餾便成。酒精遇熱，首先蒸發，將所得的再蒸一次，便叫孖蒸或雙蒸，三次三蒸，作飲用的通常止於四蒸。每蒸多一次，酒精濃度便高一些。到四蒸時，濃度高至用火

柴可以點着。飲到肚裡，霹靂之情可以想見，真可化鵪鶉為蛟龍。在美
國，特別是東部山區，如Appalachian Mountain的私酒市場活力更為澎
湃，相信今天也未完全消失。他們蒸的卻是威士忌、Bourbon等高值產
品，既是民間智慧。這名教授也用蒸餾法分析研究石油，蒸餾出來的火
水可點燈，之後更發展成火水燈和大光燈。最重要的是蒸餾過程中分解
出一種強揮發性液體，不像火水那般可用來點燈，還臭味迫人，無以為
名下，便叫作氣油（gasoline），也就是今天全世界每個角落不可或缺的
電油。其他燃油及副產品也就是在蒸餾過程中分解出來。今天的煉油廠
只是個超特大的蒸餾爐而已。

自1859石油破土衝天，石油的蠻荒時代開始。所謂新產業、新市場，即
是無法無天、無法可依。有人肯買，有人肯賣便成，沒有商德道德可
言。最適合拼命三郎之流打拼，大概跟今天國內差不多。但當時有一特
殊情形——供過於求，大大超過。大家都知道，今天採採石油是很艱險
的工程，因為容易開採的石油早已抽盡，所以才發展到今天險中取油：
深海、北極海底。什麼險阻，只要有市有價，石油工業便樂於迎難而
上，政府也帶頭鼓勵，從旁協助。喝頭啖湯，人所欲也。在先到先得精
神下，大小個體戶也就如雨後春筍，鑽油台遍地開花。商場上你爭我
奪、各出奇謀，各人的商德、道德標準也大異，說是蠻荒時代就差不
多了。在這樣一場爭奪戰中，死的死，傷的傷，也有被吞併的，能站住
腳的是少數中的少數。洛克菲勒（Rockefeller）卻能脫穎而出。他的成
功不在探採經驗豐富，而是洞觸先機並針對石油業的全盤運作關鍵：開
採、儲存、運載、煜煉、銷售等等，把各環節整合、收編，更把對手

吞併或催毀。在1870至1890短短廿年間他的標準石油公司囊括了九成市場，成為人類史上最富有的人。他致勝的經營手法：合併，把上下環節收編在掌控之中，也就是今天的學院名詞merge & acquisition、vertical integration。他對世界的影響不是他的錢，而是開創人類前所未有的能源工業，並把鑽探、開採、運輸、煉煉、銷售等等結合起來。今天每一瓣都是工商專才較量之所，任何一瓣失靈，都足以影響社會民生、經濟、國家安全、國際秩序。

平治汽車（Benz），港人至愛。汽油的出現，加上內燃機，二者配合起來，人類流動的步伐也就真的如箭在弦，只欠那人出力拉弓。汽油所夾帶的高能量正好用着。終於1886年平治拿到了四衝程引擎的專利權。「四衝程」也就是汽車燃燒汽油時發力推動的過程。他駕駛自己的第一部車上街也不過是一部三輪車。此乃閉門造車的實例，怪模怪樣的三腳雞在街上亂跑，街坊大驚，爭相走避，走得快，好世界。各樣問題之中，最駭人的還有擺駄很靠不住。1888年，經短短兩年間的改良，他以老婆仔女證明這是一部Benz。在沒有今天的德國高速公路下，在Bavaria（也即是寶馬的故鄉）省的鄉間跑了一百公里。人們還不知新時代已到。

Ford本來也是一名普通的典型人物。他之所以特別，就在於中文給他譯作「福特」。本來單單有「福」便可叱吒風雲，他卻「福特雙全」。美國立國以來，這類福特雙全的人比比皆是，很是普通。Henry Ford（福特）被稱作汽車大王，其實也是一名山寨王。機器佬闖出世界，香港大把。

香港由五十年代開始，六、七十年代而大成。他把建造汽車繁複的工作以分工合作式串連起來，就是今天人人掛在嘴邊的所謂流水作業、生產線。汽車大量生產從此面世。他不只自己高薪，還把高薪推己及人，分期付款，伙記個個買得起。如此生產，如此銷售，還表現出一點社會責任。誰人想到，把公司叫作福特，所造的車也就叫福特。把汽車帶進人類文化，開創新紀元。我們香港的山寨王當中也有不少像福特之士並及時在我國進入新紀元之際帶頭獻出一分力。

水、風最早替人類效勞出力，帶來古代文明。煤碳、石油、天然氣大舉替人類效勞還不到二百年，卻帶出新文明。因為含有碳元素的巨大力量，適逢人類的工業革命，一切家庭所需，社會所用的都可以用機械生產。可說機械取代了人力，但其實是能源取代了人力。本來家庭所需、社會所用，除人力外加上少許能源便可應付。這便是五十、六十、七十年代的世界景象。這可能是人類史上的黃金時代。今天的能源不再單單為家庭和社會效勞，更多的純為生產而生產，為人類而消耗，為公司利潤而生產。還被很多人誤認為是經濟發展的原意。

歎，無可限量

跨時空的「歎」

多虧有資本有辦法的人，在本已供應無缺的衣食住行等範疇內再加添色彩，市面上果然五彩繽紛起來。衣服除了禦寒蔽體外，還可以展現身段、品味甚至炫耀。食物除了充饑、保持健康外，色香味不斷推上新高峰，稍為講究一點的不再單單要求珍饈百味，由食用時的環境以至食材選料皆以「非一般」的為時尚，稱為情調格局。在時間空間上不斷營造消費出路，也就是市場。明明是秋風起時，三蛇肥。但在夏日的三十五度下仍可隨意歎其蛇宴，蛇來自有方。而且令你食時，感到舒暢醒胃不已。食完，第二天便返尋味。同樣，打邊爐，在三十五度下，絕對不成問題。圍著滾滾火鍋，還要猜枚。無論任何地方特產，任何時令都在超市恭候選購。今天，人們對家居的要求也不單是安全舒適，而是要

講究，而講究也就是指情調廿四小時化、全天候化。人對「行走」的想象力更是海闊天空。原本是擴大人的活動範圍空間，但人們卻喜歡在全為自己而設的小空間內縱橫馳騁。這小空間又給人無限想象空間，由福士Volks wagon至勞斯來斯RR，中間奢儉隨意。這還只是在衣食住行的範疇之內，這個範圍原來很小，但奢儉中的差距卻大大不同，走出這個奢儉範圍才是無邊無際。他們對佛學或任何宗教並無偏好，六根之中：眼、耳、鼻、舌、身、意，他們對「意」卻最肯落工夫。專向人的意念打主意，由意境至意欲。任你是個五短身材，眼前一名「萬寶路」俊男，一身灑脫，駿馬之上，箕踞而傲悠悠無際天地之間，只需一煙在手，閣下便可盡享箇中之樂。一襲衣裳，在窗櫥陳列或在天橋上展示，同樣提供令人心儀之選，只要擁有便樂在其中，多買多樂。無論你有多少欲望，只要買下，便可得到滿足，欲望越多，便可滿足越多，欲望跟滿足成了正比。可以稱作購物快樂。西人真的視為happy shopping或enjoy your shopping。

多歡多慳之說

少吃多滋味，輕唇淺嚐的生活態度好像失去道德理據。由飲食而至生活上每一環節皆然。「多買多送」、「buy more saves more」是最常見的口號。去食自助餐，第二個可得優惠半價。買鞋一樣，買第二對也是半

慣。貝得少變相要補貼貝得多那個。那個十機曾不知肖召研九通過　明
顯的問題，唯一的解釋也只能有一個：「不能幹擾自由市場，市場決定」。
最無辜是魚翅，這是少吃多滋味，輕唇淺嚐的典範。不知怎的，成了日
食夜食的菜色。食到全人類為之反感。歐美各地，甚至我們香港也有人
鼓吹禁翅。

這樣的生活實際上是消耗。這也就是consume的原意。西方工業革命爆
發後不斷擴展，但一直都沒有以消耗（consumption）為主導。這實在是
近數十年之事。直覺上可見到的，大概在第二次世界大戰之後。

龍虎榜一變再變

向前踏出一小步時卻不能不回顧一步。一直以來，一切經濟活動都是環
繞著改善生活的目標，那就是推展舒適、慳水慳力、風涼水冷為前提，
又或者是致力提升生產效率，使這類產品供應無缺。但在今天整個經
濟產量裡，這變成一小部份。除了滿足人的欲望，其實最重要是不斷
研發和推動新欲望。前所未有的，或者跟你目前所擁有的，不論新與
舊、破爛與否，總之務必引起你欲望，這才是商機無限。要開發新欲
望、滿足所欲，整個經濟規模便大得多了。看看如下道指成份股（DJIA
component）可知一二。

1976年		2012年	
Allied Chemical	化工	3M company	綜合工業
Aluminum company of America	鋁業	Alcoa Inc.	鋁業
American Can	罐頭食品	American Express Co.	財務
AT & T Inc.	電話、電報	AT & T Inc.	電訊
America Tobacco B	煙草	General Electric Co.	通用電器
Bethlehem Steel	鋼鐵	Bank of America	銀行、財務
Chrysler	佳士拿汽車	The Boeing Co.	飛機工業
E.I. du Pont	化工	Caterpillar Inc.	重型器械工業
Eastman Kodak company	柯達攝影器材	Chevron Corp.	石油、能源
Esmark	綜合企業	Cisco Systems Inc.	資訊科技
Exxon Corp.	石油、能源	Coca-Cola Co.	汽水飲品
General Electric Co.	通用電器	E.I. du Pont.	化工
General Foods	綜合食品工業	Exxon Mobile Corp.	石油、能源
Woolworth	百貨	Hewlett-Packard	電腦
General Motors Corp.	通用汽車	the Home Depot	家居建材
Goodyear	輪胎工業	Intel Corp.	資訊科技
Inco.	鐳礦工業	IBM	資訊科技
International Harvester	工農業器械	Johnson & Johnson	莊生用品
Internal Paper Co.	造紙業	JP Morgan chase & Co.	銀行、財務
Johns-Manville	建築物料	McDonald's Corp.	飲食
3M	綜合工業	Merck & Co.	醫藥
Owens-Illinois glass	建築物料	Microsoft Corp.	資訊科技
Procter & Gamble	綜合衛生家居用品工業	Procter & Gamble	綜合衛生家居用品工業
Sears Roebuck & Co.	百貨	Pfizer Inc.	醫藥、肥料
Standard Oil	石油	The travelers Co.	綜合保險
Texaco Inc.	石油	UnitedHealth Group	醫療保險
Union Carbide	化工	United Technologies Corp.	國防工業
United Technologies Corp.	國防工業	Verizon Communications	電訊
U.S. Steel	鋼鐵	Wal-mart Stores Inc.	百貨
Westinghouse Electric	家庭及工業電器用品	The Walt Disney Co.	綜合娛樂

道指成份股貴乃美國企業的龍虎榜。那三十間工商機構也就是各行業最
具實力的龍頭大哥，集合起來可代表美國經濟的健康狀況及趨勢。世
界各國財經界的血脈每天都在跟著它而跳動。雖然是股票上的上落，但
其上落就是人們對這批龍頭企業的前景的看法。1896年開始時只有十二
間，隨著美國社會及經濟壯大及變動，指數的成份也相應變動。我們
拿1976年和2012的成份股作比較便可知其箇中變遷。這不單顯示企業的
盛衰轉化，更標誌着社會變化中消費意欲的方向。美國好歹還是世界唯
一龍頭大國，這批龍頭企業，它的轉化變動，自然也牽動整個世界跟著
走。

你追我趕

除了豐衣足食，慳水慳力外，養尊處優亦成為應有態度，個人優化上的
要求如健康、儀表、娛樂與休閒把經濟規模大大的擴闊。

自工業革命之始至第二次世界大戰後六十、七十年代約二百年間，工業
生產的成果絕大部份旨在給人改善生活，提供舒適的環境。由收音機、
電話、雪櫃、洗衣機而至電視、冷氣，家家戶戶除房屋外都以擁有一部
汽車為積志，相關的工商業也就自然蓬勃。一般家庭的生活比上一代大
大得到改善。不知怎的，那個年代工人待遇合理，工商業利潤也高，受

全人類嚮往。工人、藍領白領各自得到合理的待遇。工作穩定，退休福利、年假等，連最低微的工作也可養妻活兒，可稱安居樂業而無愧，工作是神聖的。還看今天，在競爭的口號下，統統變作競爭的負累，只有競爭才符合道德標準，是神聖的。

這雖然是指美國的一般社會現象，但當時美國對世界的帶動力大大超過今天。好的壞的，世界也要向他看齊。標準工時、工業安全、醫療保險等等也成為普世價值。

過去這三、四十年間所見的，首先，大型鋼鐵廠，通通失去重心，落榜。通用汽車、佳士拿失勢。給家庭提供慳水慳力及舒適的電器用品的龍頭威士丁也落榜。食品工業也相形見拙。衣食住行是改善生活的關鍵，沒有糧食與鋼鐵，什麼豐衣足食、舒適家庭所用的、道路樓房等自然欠奉，一切工業也不用談了。環顧今天，擔當如此重要角色的工業，竟然被視為次要或更不重要。醫藥健康成了新重點。可口可樂，給人無限幻想的；歡樂的迪士尼也入圍。至於號稱替人賺錢、籌謀的投資、保險機構等金融財務，無限蓬勃。資訊科技更浩蕩，盡領風騷，社會給予更高的價值。

失勢的工業仍然存在，繼續賺錢。汽車、鋼鐵業經營更跨國化，精簡有效。食品工業繼續欣欣向榮，絕無問題，人人只有痴肥問題。影響所及，連第三世界也急起直追而患上三高症。我們香港和什麼四小龍受到歐美大肆吹捧，最有上進心。慳水慳力，讓人以逸代勞的家庭電器

用品，今天不再馨香了。再沒有人買下衣車（縫衣機）來車自己喜愛的衣服。市面上的花款多的是，價錢比一部衣車平得多。更甚者，稍有厭倦，可馬上另行選購更合潮流、合自己尊貴的品味。要緊貼潮流，哪裡還有時間自己縫製？多年來改善人們生活、充實生活的工業不再受重視。銀行一面銳意鼓吹投資致富，另一面變成集資投資。全人類好像都富起來，從優良而充實的生活更上一層樓，代之而來是「歎」的天下。

生活得到充實後，最順理成章的發展便是進入歎的境界。耳目之娛最能應付這個要求，迪士尼提供的綜合娛樂也就理所當然成為美國甚至世界性的事業，由電影到遊樂場再到渡假設施。AT&T近如在七十年代還是電話電報超級企業，今天是科技電訊公司其中一員而已，不再舉足輕重。實際上，蘋果由iPod起就是把聽歌（不同音樂欣賞）隨身化，至今iPad把耳目之娛全面隨身化。二十四小時全天候聲光並茂大龍鳳，連什麼iPhone，smartphone也大受威脅。你還要無時無刻力爭上游，玩而時換之，不能落後，愧對友儕。其他相輔相成的龍頭資訊企業如Cisco System、Intel、Microsoft也就如雨後春筍發揚光大。

消費經濟

工業革命改變人類的經濟體系，由人力生產改為工業生產，以機械輔助大量生產，使得更多普羅大眾可享用到生產成果。但是無論你以改善生活為主還是消耗為主，生產就需要能源。今天的經濟越來越靠人們的生活上的消耗方式維持，刺激消費也就是刺激經濟，是無上理由。全世界都要向「shop till you drop」的口號看齊。什麼瘋狂購物團大受歡迎，你找到任何罅縫催生消費的話，政府無任歡迎。什麼「易借易還」，廣告上所見：買到左一袋，右一袋，無限快慰，感恩之情流露無遺。如何還錢，管它作甚。

讓我們也看看波鞋吧。我們對身體四肢之中，只有瞭如指「掌」，好像對腳從不過問。但工商界不斷發掘商機時卻發現原來我們雙腳很了不起：可以行路、跑步、打波、遠足等等，還可以把你帶到不同場合如家居、宴會、見工等等，冬季也不辭勞苦踏雪。你所持的一對鞋，可以幫到你的，越來越少。若要為你整天服務，裝一麻包袋鞋：步行的、遠足的、返工的、去飲的、休閒的等等，也就差不多了。當然你還可以同一樣鞋，買數對不同款式或不同顏色。今天買鞋，首先便要定下目的，如有行差踏錯，一切後果，閣下自理，令人選購時不敢輕率造次。

手提電話亦然。這不是找八十後的朋友挖苦，這行業實也太矚目。電話明明是必需品，無需花巧，不需姿粉，有如賢妻良母般的黃面婆。但黃面婆的面孔不再，而是風姿綽約，直情是sexy and affordable。每

當你蹓足稍有人流的地點，再見不到持家有儉的黃面婆，而是風姿綽約、不斷對人騷首弄姿的「潮機」。要是到旺角或銅鑼灣更不得了，你部iPhone，不久前才換了，效能最新、款色最潮。直可驕其親友，樂不可支，以為天下之美為盡在己。今天這款手機已不復存在，已過時很久了。最尷尬的是所有朋友的手機都比自己「好」，所受的壓力可以想見，恨不得馬上換新的。

好一套增進聯絡溝通的科技。試想想這五年來你的生活質素有沒有提高，與親友的關係有沒有增進，所得的可能更令你疲於奔命。

比能源更重要的
還是土地

土地——天地間還沒有被水淹蓋的地方。除了飛禽走獸外，也可以讓人站立喘息、可以耕種、可以掘__。世界上沒有被水淹蓋的地方其實不大，約佔三份一。寸金尺土或尺金寸土其實很符合天理。若任意糟蹋污染才是豈有此理。要好好珍惜，因為很難再找到另一天地。

你要成功，只需立於不敗之地便行。發了財，也是買田買地，用來耕種或畜牧，最少也可以糊口。用來掘、用來鑽便可大可小了。若幸運的鑽進福地，除能源外便是金屬和非金屬礦物。

金 —— 當然是泛指金屬。萬物之中，只有人類天生對之如醉如痴。金木水火土中五行欠金，世上萬物仍然可以繼續生存，互相維繫、延續。世上萬物缺少人類，萬物仍可繼續存在，幾乎可以肯定會更茂盛。五行去

金，仍可活力十足的生存。人自稱萬物之靈。今天，若五行欠金，生活頓成問題外，更遭人白眼。

金屬用途，經過銅器時代、鐵器時代，銅鐵仍然很是重要。但今天人類要用到的金屬，卻多得多了。我們總稱金屬為五金，但新金屬陸續被發現，至今也不知如何以數字統稱之，或者可稱為百金，有如百鳥歸巢、百物騰貴，總之多不勝數。每發現一新金屬，都對人類或世上萬物生存無關，但很是貴重，否則不會有人投資發掘。近年稀土，合法的、非法的，甚囂塵上。只因內裡蘊含十七種稀有金屬。新舊產品都可用得着或得以改良，價值便在這裡，利潤便在這裡。生產煉如火如荼，對於破壞環境生態，如何善後倒不在考慮之內。

古老的尋金方法，好運的，是真的可以從地上撿拾得到。執金發達，或找到金沙河，摺高褲腳落水去撓也可大有收獲。如此容易，自然一早片甲不留。最後的一次已發生在百多年前的金山了。今天的金礦開採，動不動要深入地下數千尺，同開採石油一樣難。科學之外還要講運，所以便有國際金礦大騙局的出現。二十年前在加拿大有一山寨公司叫BRE—X便聲稱發現曠世金礦，結果全球中招，連政府也不幸免，給全世界上了寶貴的一課。但人是勇於忘記教訓的。這單曠世金礦事件當時堪稱空前，但可以肯定必會重演，只是角色場地規模有異。金礦對人的吸引，可說入心入肺。今天採金令環境嚴重破壞，煉時還要用上山埃等有劇毒的化學液體，工業用的其他金屬，同樣也要從地下開採出來，同樣經過化學劑煉。造成污染。

金銀成了價值單位，世上一切事物都被套上或高或低的價值。但這是不是那事物的本身價值？市場上說不值錢，便不值錢；被認為是值錢，便值錢，有如人類社會是建築在市場上。金銀之重要性，就以「有它不是萬能，有它萬萬不能」戲謔人間。

礦 —— 礦物質沒有金屬般耀眼，但在工業上與金屬同樣重要，對一切動植物的健康更是如此。為人熟悉的如鉀、鈉、鈣等就密切與人體健康有關。硫磺廣用於工業與農業，醫藥、化工、食品工業與糧食生產都不能缺少有關礦物。這一切都是要從地上開採出來的，跟石油、煤礦一樣，開採時便要驚天動地的掘。天地受到驚動外，到頭來受到最大影響的還是人。植物無處扎根，動物無處覓食擠身。

花草樹木可以怡情，瓜菜水果可以維生。它們自然地從土壤中生長，吸取空氣中的二氧化碳和氮氣等化作養份，又從根部吸取所需礦物質。若加上風調雨順，人們只需到時收割便是。各式瓜菜水果中，均個別含有不同而豐富的鐵質、鈣質、磷質，又有鉀質、鎂質等等。你只要食齊所需，包你健康愉快。要補救自然界之不足，施肥便是最佳補救辦法。千百年來，世世代代都在這樣做。但健康愉快的人總是佔少數中之少數，大多數人連要吃飽也成問題。

終於到了二十世紀下半期來了另一場農業革命，稱作「綠色革命」。墨西哥與菲律賓分別研發出小麥和米的革命性新品種，是名符其實的多產品種。這些新品種把當時印度、巴基斯坦及多國從饑餓邊緣救回。1970年，

研發成功的農業學家如Norman Borlaug便獲頒諾貝爾獎，實至名歸。

人口與糧食是世界問題，這場競賽大概是永無休止的。採用這些多產品種是需要大量施肥和大量灌溉，又要殺蟲劑。跟著來的新品種就更加重用這些物料。生產所需肥料自然需要三班開足，原料不絕。鉀與磷都是從地上開採出來的，水是從天上來的，但沒有江河湖泊的地方也要耕種的，向地下抽水也是不得已的辦法。

土地很有價值，而這價值在於有用——對人有用，對萬物有用。土地應有天地賦予之價，但我們可見到的是人定的價。天地之價自然與人定的價大大不同。

碳與氣候惡化

碳與氣候惡化

千千萬萬年來，人類就是這樣利用着碳，燒飯取暖。另一方面，以風力、水力代勞倒還與天地相安無事，但自從以碳代勞開始，二氧化碳（CO_2）便有如從阿拉丁神燈釋放出來一樣，要將人類吞噬。我們近百年才加深了對碳的認識，對其所導致的效應，還是近數十年的事。三、四十年前，冷戰還是熱烘烘的，什麼美蘇爭霸、核子危機，好不熱鬧。如是者，連占士邦也撈了五十年而不衰。令各國政府開始對氣候危機着急的還是近年的事。

今天你和我，無論家在半山抑或深山都可以親身體驗得到。天氣一年比一年熱，風暴越趨頻密。盲的聾的也聽見過什麼溫室效應、地球暖化。一般人只知其然而不知其所以然。

數十億年來，二氧化碳CO_2一直是地球生態中重要的一環。CO_2供世上萬物生長應用，有生機的，不論動物植物都不能缺少碳。碳是造就生命的泉源，所以碳與二氧化碳都是無罪的。有CO_2才可令草木等一切植物生長，多一點可令其更加茂盛、更壯碩。吸收CO_2越多，壽命越長，給CO_2棲身越久。

原本佔大氣層中95%的CO_2經光合作用、風化及其他天然作用使今天大部份CO_2的分佈大致如下：

1. 差不多大地上一切沙石，最常見的有：石灰岩、沉積岩
2. 海洋
3. 珊瑚礁
4. 化石燃料：石油、煤、碳、煤氣
5. 自然界一切在生長中之萬物（一切動物植物）

這一切實在是CO_2的藏身之所。從遠古時代逐漸演變至今，終於找到藏身之所，自然界把它消化了，只剩約0.0003%浮游在大氣層中，可說無家可歸。天然的消化力，使它一直保持在這個水平直至二百年前爆發工業革命，浮游在大氣層中的CO_2才不斷增加。

二氧化碳CO_2對地球暖化的關鍵在兩方面：

1. 對太陽輻射（輻射中含有熱能）的吸收
2. 它的增減狀況，去留的來龍去脈

在大氣層中，CO_2較其他溫室氣體如甲烷（CH_4）、「雪種」（CFC）所佔份量與壽命都高得多。雖然一些氣體如甲烷與「雪種」對太陽輻射的吸收能力遠遠強得多，但在總吸熱量上，CO_2卻遠居首位，這已是不爭事實。遠在七十萬年前至二百年前的工業革命之前，CO_2所佔大氣層中約百萬份之180至300之間。過去這二百年間卻增至384。從鑽探冰層研究所得，科學家們相信這是過去最少六十五萬年來的最高紀錄。以目前的情況發展下去，當增加到百萬份之560時，一般推算地球將會升溫攝氏2至5度。

天網CO_2，疏而不漏

大氣層中CO_2積存量一方面受到世間萬物排放而增加，另一方面也受到世間萬物吸收而降低。科學家把它比作浴缸裡的水，開着水喉，水在浴缸中慢慢積累，同時也打開去水塞，讓水流走。若流進與流走量相等，積存量便穩定不變。否則水喉盡開，但去水道卻依然故我慢條斯里的讓水流走，那便有如今天CO_2的問題，越積越多。今天CO_2的流進量不單是水喉大開而是口徑加大了，又新增多條大小口徑不一的水喉。去水道還是依然故我。

這是一筆天文數字的流水賬而且是入超所出，可惜不是金銀財富。人為

的排放量每年約70億公噸。這相等於自然界中所產生的百份之三。人類在世數十萬年來一直在排放,以天地之大,還是多多包容。但今時唔同往日,人力勝天,天地之大卻不是無限大,也有極限。這70億公噸實在超乎天地所能包容(約20至30億公噸),也可說是天網恢恢,疏而不漏,沒法讓它漏於天外。自1959年至2006年間,大氣層中CO_2的含量以每年百萬份之1.4上升。二百年前,工業革命之初,在大氣層中CO_2的含量為百萬份之280。至今已迫近400,是過去最少六十五萬年中最高。

科學家又指出這1.4是流水賬中從正負數得來的結果。正數的背後不斷變化,負數背後同樣難以預料。各地砍伐森林,僅巴西亞馬遜河一帶,每年排放CO_2便達5億噸。但CO_2越多,森林生長越茂盛。它在吸納大氣層的CO_2中很有份量,約佔25至30%。森林越茂盛,吸納量越高,微生物也越活躍興盛,但也加速草木腐朽而導致增加排放。

動植物的生態對CO_2排放的影響久已廣受關注。但地球上另一幅員廣大之地卻越來越受關注。這便是長凍土,其中顯著的要數西伯利亞、加拿大北部和中國的青藏高原。這是一個很特殊的嚴寒地帶,沒有樹木,夏季期間,尚有零星花草。往地下五、六尺便是冰雪與泥土混合結成一體,永不融解。我國建造青藏鐵路,困難重重之中,克服凍土更是難中之難。中國科學家發現一些地帶泥土內,冰雪佔80%。有如在水面建造鐵路,可乎?在一些西伯利亞地帶的冰土更深達超過三千尺。這些冰土地帶位處地球南北高緯度地帶。

沒有碳世界，不能歎世界

以夏禹而論，他用了十三年，抱着三過家門而不入的精神治水，是開山劈石的功業，數百萬百姓胼手胝足的成果。為的只是想人們不受洪水淹沒，能夠安居樂業，不枉這個世界的存在。大概也可說是歎世界的起點吧，當然最好是不費吹灰之力或有人（也就是老百姓自己）代勞。今天我們鑿隧道起機場有重型機械侍候。我們當老百姓的只需等待工程完竣便可乘機出外遊埠歎世界。到了哪一天沒有石油開動機械，工廠不能啟動。那就沒（有人）給我們代勞了。

二氧化碳的基本結構是碳，燃燒時氧氣與碳化合並釋放出大量熱能，這是給我們代勞之本。地球本身就是大部份由碳所構成，我們受到碳的十面埋伏，碳本身沒有不軌企圖，而是聽候差遣，等待被人徵用發掘。由隨手拾取枯枝應用到刻意發掘。草木枯萎後可用作柴薪，燃燒時，把生前所吸收的碳化作熱能時也同時釋放CO_2。

二十億年前的生態體系跟現在很是不同。據科學家推斷所得，早期在二十五億年前的世代（Archean Eon）間，CO_2的含量較現在高出千倍以上，基本上沒有氧氣存在。地球上無熱帶、寒帶或溫帶之分，全球都是熱帶，氣壓也比現在高出約六十倍。在這樣的生態環境下，生物也跟今天的大大不同，在缺氧之下而可以生存的是一種「飛砂走奶」的「走氧細菌」（anaerobic bacteria）的天下。還未開的罐頭，而內裡食品腐壞了便很有可能是由於這種細菌的存在，切忌食用。

就在這個早期時代，部份細菌變種，以光合作用把陽光（太陽能）和CO_2化作養份生存，並同時排出氧氣（O_2）。氧氣由此逐漸積聚起來而使CO_2逐漸稀薄。氧氣的存在對「走氧細菌」的生存卻是致命打擊。在氧氣增長下，新的生物，以氧氣生存的生物隨之應運而生。據顯示，那個世代的草木植物、昆蟲動物都較今天的壯大得多。想來那些科幻小說中的龐然怪物、神高神大的草木也不是全無根據。經過這樣一個生態世代，動植物體內儲藏了大量的碳。深藏地下數億年後成為今天的石油、煤碳、煤氣等碳本能源。時至今天，在空氣中，氧氣約佔21％而CO_2只佔約0.00035％。

人類以柴枝作燃料，經此無數年代，斬柴終於不敷應用。煤碳、煤氣、石油也就終於出現應付工業生產和新的生活方式。人們千千萬萬年來未嘗真真正正的動天地一毛——直至工業革命，還不過二百年前而已。也是這區區二百多年間，有賴碳來成就這個花花世界。如何不是碳的世界？沒有這樣一個碳世界，世人也不用談歎世界了。

二百年下來，工農業不斷增產，生活方式劇變。能源耗用時所排放的CO_2，首次直接令CO_2的含量增高。在自然界中CO_2的來源是多方面的：自然的森林大火，動輒連綿數十里，火勢持續由數天至數十天是等閒之事。草木也有一天會腐朽，地球上從未有過高與天齊的樹，可知一切草木水陸植物只是在生生滅滅中循環而已。部份CO_2也就依從這個循環托付其中或浮游大氣層上。動物的腐朽亦然，呼吸中牠們呼出CO_2。看來從來沒有人過問過，好像只有動物才有權呼出CO_2，以示人類渺小，只

是萬物中之一。人類也呼出CO_2，並且以為擁有這個世界，有權任意排放。工業革命之前，儘管已是任意排放，畢竟有限，自然界還是可以從容應付。以今天世界七十億多人口，其總重量還不及大氣層中所含碳量（CO_2中之碳）之一半。人之渺小可以想見，無數年代都在依從自然規律俯仰天地。今天人們不單呼出CO_2，而是支配這個世界，享用這個世界。

工業生產，固然用上大量石油、煤碳等能源。農業生產同樣用上大量能源。水利灌溉、肥料及農藥之應用有增無減。現代化的生活方式，就是躲在家中，不事生產也耗用着能源。大暑天時，不能不大大開放冷氣。White Christmas當前，便不能忘記室暖如春，還要綴以五彩燈飾以示感謝上帝。

旋乾轉坤，
顛倒乾坤

世世代代以來，人類一直不停在改變自己的生存天地。自然界也在大變特變，動輒數以十萬百萬或千萬年計。今天科學家們研究氣候變化，卻不是看目前，他們從數千萬年前開始，從大地上、深海中、大氣層中，也從老年的冰塊鑽探開始。

在高緯度處，千萬年來，積雪成冰，正合研究。

冰庫中的藏冰，以待研究。

原因很簡單。遠在地球暖化成為時尚的話題前，個別範疇的科學家已對自然氣象有所研究。對地理環境的觀察有所紀錄。俗語「滄海桑田」是人們對鄉土變化，唏噓的感嘆。《山海經》，一部在中國，也可能是世界最早對山川地貌的地理誌，原是對地理現象的遠古實錄及推考，不意數千年後，西人也有同樣遭遇：1837年，瑞士人Louis Agassiz對周圍一些奇異石塊驚嘆之餘，首先提出他的家鄉所在遠古時代深藏在巨大無比的厚冰塊之下，如南極、格陵蘭一樣。所謂奇石，實乃由於冰川流動，從遠處移來。當時的宗教氣氛濃厚得多，自然不為接受。當時的科學家也有開始對遠古的氣候發生興趣，這數百年來西方人士就是染上「杞人憂天」之疾，還有好解答的荒誕之想。如此社會氛圍，帝王如何能久坐皇位？1827年，拿破崙軍旅中一名算數員名Joseph Fourier始創一個名詞，百年後，園藝之友、科學家日夜與共，就是今天大家都掛在嘴邊的「溫室效應」(greenhouse effect)。在他不久之前，英國一名爵紳William Herschel發現紅外線能散發熱能。可能軍中無聊，或疲於奔命之餘，起了奇想：若能把紅外線夾帶中的熱能關起來，例如用玻璃罩。關起來的空間自然越來越熱起來。到今天，已確切得到科學證實。

得到科學證實，乃是不斷研究至今的效果。地球表面受到陽光照射，自然暖起來，顯而易見，有什麼學問可言。活了差不多二十萬年才領悟到溫室效應這回事。近年，科學家又了解到地球對陽光的反應，這又是對「溫室效應」往下一層的鑽研。太陽以輻射把光和熱傳到地球透過大氣層而達地面。不同地域便有不同吸熱的效應，同樣透過大氣層中不同的氣體時也有不同的吸熱效應。這吸熱效應(radiative forcing)的強弱因

反射程度（albedo）強弱而異。在陸地上，有沒有森林覆蓋與沙漠便大有分別。山上積雪與南北兩極冰封的反射度則最強。空氣中的CO_2、CH_4便比氧化氮（N_2O）的吸熱效應強得多。水氣及浮遊微粒的效應卻反而有降溫作用。近年，南北兩極的冰塊急速溶解，尤以北極及格陵蘭為甚，另人憂慮。海洋佔地球三份之二，從太空回望地球，一片深暗，反射力最弱而吸收輻射帶來的熱力最強。相對地，海洋吸熱最多。冰塊的大幅溶化，只有增加海洋面積，不是陸沉而是水平線上升。

緊貼地球表面的是大氣層中的底層，充滿着不同氣體，萬物賴以為生。不平衡時，也可為害。最為人所知的自然是氮、氧、二氧化碳（CO_2），都是生命不可或缺，直接構成生命的要素。其中CO_2所佔很是微少，還遠遠不到百份之一。但CO_2天生就有吸熱的特性。科學家從遠古的冰雪研究顯示，地球上不同世代的溫度變化與CO_2所佔的濃度同步上落。大氣層中自然也含大量水份及其他浮遊微粒（aerosol）。浮遊微粒是污染物，空氣中水份高時，令我們感覺悶熱，但卻對太陽的輻射起反作用，降低溫室效應。

在大氣層中，碳氣（CO_2）所佔成份，每百萬份中佔：

1800年 – 275.

2010年 – 385.

數十萬年來一直至工業革命前CO_2一直保持在275左右。目前氣候劇變已經出現，而二氧化碳則不斷無止境的上升。專家們推斷，為防止惡化，

應以450至550間穩定下來為目標 (Stern Review, 2007)。如此則可望有五成機會控制氣溫上升不超過兩度。CO_2所佔量雖然如此微少，還遠遠不到0.1%，但越來越多證據證明數百萬年來地球上溫度的上落幅度與CO_2的含量有密切關系。在格陵蘭及南北極等冰層鑽探研究所得，追索所及，達六十五萬年，在在證明這關系無誤。CO_2的嫌疑，可說是越來越證據確鑿。

百多年來，科學家對CO_2已有所認識，近年來更有深入的研究，特別是其根源和流轉過程。四時更替中，水陸草木植物由蓬勃而茂盛至凋零對CO_2的攝取排放量大異。在生長季節中，大量CO_2從大氣層中被攝取。秋冬間，落葉、花開花落、百物蕭條、凋謝腐朽，排出大量CO_2。除了草木外，陸地本身也從大氣中攝取CO_2、氮及其他氣體，連同其他泥土內的礦物質便構成土壤中最基本的養份。雖然佔地球還不到三份一，但陸地畢竟是顯著部份，在決定CO_2去留關鍵上很有份量。

除了陸地外，海洋囊括其餘整個地球。除了體積大得多外，熱能攝取性也強得多。水裡一切動物植物，都要在水裡或到水面呼吸。水中植物還是需要CO_2行光合作用，由微生物至海帶水草等一切植物都在不斷攝取水中的碳氣。沒有這一切，一切海產，什麼海上鮮、河鮮，也不用談了。

沒有CO_2也就沒有什麼萬物欣欣向榮可言，在這整個生態體系中，要保持CO_2的平衡是必要的。過去二十萬年，我們從未為此擔心過，也無此

需要，直到現在。

若人類跟走獸一樣俯仰天地之間，倒也不用杞人憂天，自尋煩惱，反正也沒有搗亂自然規律的本領。偏偏人自詡萬物之靈，負上監護主宰所有事物的責任。這樣杞人憂天的態度便有其必要。

IPCC——各國政府首次衷誠合作

1988年IPCC (世界氣候研究評議委員會，Intergovernmental Panel on Climate Change) 成立。目標只有一個：研究氣溫上升與溫室氣體的關連。由各國派出專家充任，是各國聯合起來真心誠意的為氣候惡化問題而合作。主要工作是審議討論各國專家研究所得，並綜合組織起來。他們並不自行研究，也不資助，但踴躍引導、誘發關鍵性的議題及推動消減氣候惡化的研究。有一個很特殊而可喜的現象：各專家提交的報告都是嚴謹而科學的，不同組織、國家希望IPCC正其名，相對地受利益團體阻撓較少，但經IPCC綜合組織後所出的概論卻要經由各國政府認可才能作實。於是各國政府依自己國情需要，逐字逐句的斟酌後才放行，這便是我們所見到的「Summaries for Policy Makers」。這份簡短結論，殊不簡單，是專為各國領導層而寫的，向他們展述事態實況、危機所在和解救方向。至於如何解救，卻是各國自己的抉擇。所以在蘊釀這份「致各國領

導層的總結」時便是各國政要交鋒之日。據傳在巴黎COP21會議（聯合國氣候變化大會）中，中國人員與其他國家人員密談時，奧巴馬不耐煩得差點要storm　in。如此去到失態邊緣，可知各國政要對之如何看重與期許。在如此的「審慎態度」下仍能發出如此聲浪，可靠程度可想而知，也多虧這批科學家除學術外還有政治智慧想出這道妙着，終於在2007年獲頒諾貝爾和平獎。

這份「致各國決策人士書」背後是洋洋數千頁的科學報告。愛好一盅兩件如我等人士大可免問，苦澀程度，自不待言，非內行人，不會有多少人喜歡閱讀。但這份報告背後是來自每年各國各組織成千上萬的研究報告，所以不是每年都出的。至今為止共出了五次，1991首份報告出爐並成為1992年里約熱內盧地球環境峰會的藍圖，最後通過「環球氣候公約」（UN Framework Convention on Climate Change），各國承諾控制溫室氣體的排放。

可靠的研究和結論固然重要，更重要的是各國政府的認可。各國政府專家均有參與其成，可視作自己專家研究所得並受到國際贊同。箇中世界性的對策及方案，雖各國有不同解讀，但其中心思想已被認同。不盡點力，多少受到道德壓力，當世界各國在盡點力的時候也替每個國家帶來面子壓力。不得不履行承諾。

感同身受

其實不用專家，世界各地人民早已感同身受多年。香港位處北緯二十二度半，年中大半時間十分炎熱，四季並不分明。香港人本是熱慣的，但近年來感到熱得越發迫人太甚。八十後的朋友除外，大家都感覺到這三、四十年來明顯的一年比一年熱。根據香港天文台經年搜集所得資料顯示：

* 從1971至2000的一組數據與另一組1961至1990的相比便有以下很顯著的差異。

* 其間陽光時分少了5.4%，太陽輻射少了8.5%。

* 炎夜增多50%以上。

* 寒夜由23.3日減少到18.6日

* 酷熱的日子由8.7日增多到13.1日。這是每十年便增多4.7日。

* 每日最低溫度平均上升了0.2℃，每十年上升0.3℃。

這也是香港天文台向IPCC遞交的實況數據。顯示出炎熱的時日多了，寒冷的日子卻少了。跟世界各地的走勢相脗合。不用刻意追求與外國接軌。

地球初開之日，大概未曾想過讓生物存在。那時還未有大氣層，更徨論水。最後大氣層和水還是出現了。怪不得所有宗教都以敬畏天地為主。中華民族更進一步，天地父母連在一起，認親認戚，也大有道理……

讓萬物生存繁衍便要供給一切所需，一如父母。由空氣到水，營造生存所有條件，空氣帶着水份而調節氣候。賦予一切生存所需，植物天生便能行光合作用而生存。動物界更各適其適，可素食或弱肉強食，又或者互生共食。總之有你生存空間。今天我們常常聽到「biosphere」這個名詞，指的正是萬物賴以為生的「生存洞天」。我們口頭禪中也常常說天生天養或「live on the land」也很貼切。內裡的多種維生素，古今中外已知多時：金、木、水、火、土，加上天時、地利、人和。

.

CO$_2$如何令氣候惡化

天地要正氣，世界賴以立

天地有正氣，文天祥所言果然不虛。成份正確，份量正確，不偏不倚，是真真正正的「正」氣。能成全世間萬物生長，不分貴賤、好壞，公平對待，空氣對生態的影響自然明顯。除了污濁的空氣直接影響呼吸、危害健康外，不明顯的影響更多。如導致酸雨、令臭氧層變薄等等。CO$_2$本身不是壞份子，環抱地球的大氣層厚度約二百里，與地球體積比來很是微薄，有如一張玻璃紙包着一個籃球。玄妙之處是，這層微薄、無形無色的氣體有如一個胎盤保護着這一切，一切不適宜的都被拒諸門外，如紫外線、殞石等。

這層薄如馬騮腦殼的大氣層的底層，即貼近地面的十里的空氣中又另有

乾坤。世上雲雨情盡在其中，這是真正搞風搞雨的一層。而且，我們的中文大學科學家戴沛權教授的一份研究報告顯示。在八十年代和二千年代的兩份數據顯示底層的臭氧嚴重影響人類健康。

萬物賴以生存正是這層薄如玻璃紙的空氣。空氣中，氮氣約佔78%，氧氣約佔21%，碳氣CO_2和其他微量氣體共佔1%。大氣層中所含的混合氣體還能吸收適量從太陽射來的光和熱，由此保持萬物賴以生存的溫度。在大氣層以外的陽光是可令人致命的。不妨親暱一點稱呼為我們的大氣層，它實在是一層最為「深思熟慮」的保護層。當中有臭氧層抵禦紫外線，另外透過大氣層，地球可反射過量的陽光和熱，這項特性稱為「albedo」。當吸收和反射能力失去平衡時，地球整體氣溫也隨之變動。除了大氣層外，南北極的積雪、海洋、陸地等各有不同程度的吸收和反射性。反射強時，令地球冷卻，大部份地區出現冰河。減弱時，氣溫便上升，籠罩着整個地球成為溫室一樣，冰河大多溶化，正如今天。若繼續暖化，今天所餘的冰川只有繼續溶化，水平線只會上升。

碳氣CO_2和其他微量氣體所佔雖少，卻是吸熱的主因。因為吸熱過量便造成今天的氣候危機。早於廿世紀初有瑞典科學家研究冰川時指出大氣層中CO_2有吸收太陽熱力作用。在那個年代，當然冇人理會。

1800年CO_2所佔只有百萬份之275與數十萬年來的水平相若。隨着工業革命至今，佔比已迫近400，但後果已很明顯，並發現其他氣體如甲烷methane，二氧化硫sulphur dioxide等多種更輕微但為害更深的物質。

地球表面分佈態勢

地球表面的面貌很多元化。陸上地勢的分佈與海中的奧秘令人目眩。陸地所佔總面積約三份一，其餘便是海洋。

總的來說陸地吸收太陽的能量是略低，普遍有一定程度的反射力。沙漠地區，所佔面積不算得大但對陽光的反射力卻很強，在地球暖化中起正面作用。這話怎說？大家都知道，沙漠中，黃沙萬里，烈日當空，溫度最高。當太陽照射到這片光亮的地面，很大部份給反射出外太空去。這是自然規律，色澤越淺，越潔白，反射性越強。雖然漏網的不多，但白天在沙漠之中便熱得死去活來，寸草不生，晚上卻很寒冷，旅行的人若準備不足，便只有死路一條。火星，完全沒有水沒有生物的一個恆星，便有如一個沙漠。所以太陽光射到表面後，便差不多全數反射出去。那裡大氣層十分稀薄，氣壓還不及地球的百份之一，所以太陽熱連滯留的機會也沒有。雖名為火星，卻並不火熱，終年在零度以下。

冰雪的反射性比沙漠又強得多，幾乎把太陽全部的能量反射出外太空。南北兩極及格陵蘭便是天然的最佳反射裝置。南極乃一大陸，幅員廣大，終年積雪，數百萬年以來積雪成冰厚達數里，所以同時也是地球的儲水庫。北極乃一大海洋卻終年積雪，只有在盛夏時才有部份地區溶解露出海面。格陵蘭位於北極周邊卻是全球最大的一個島嶼，也是終年積雪成冰。中部地區受到冰雪積壓而下陷，其積壓之甚，可以想見。研究遠古的氣候時，多在這裡進行鑽探。一般崇山峻嶺，巔峰之上，無分寒

帶熱帶，也是終年積雪。這些積雪巔峰雖然不少，與南北兩極及格陵蘭相比卻很渺小，在面積廣闊的山谷更積雪成河。數百萬年下來積壓成冰，稱為冰河。在反射陽光上也起着正面作用，在生態上更起着無比重要的作用。喜馬拉雅山、昆侖山及世界各地的崇山峻嶺均終年積雪而成冰河的泉源。就是這些冰河依四時順次點滴融解，灌注入江河，孕育出人類各地不同文化。

但這些冰雪覆蓋的地域正面臨嚴峻問題。受到暖化關系，南極海洋沿岸的遼闊冰層大幅崩裂、飄流、融解。格陵蘭亦如是，而且島上冰層融化成湖把陸上冰層折斷，加速流向海洋。北極的冰塊，科學家發現其融解速度出乎意料之快。很有可能不久將來，在夏季會暖至冰塊完全消失。若冰雪地帶不斷融解縮小，反射太陽熱力便受到削弱，而且導致水平線上升，海洋面積自然擴大，各地沿海低地將會受到水淹，這是禍不單行的最佳示範。

海洋是地球最顯著的部份，約佔三份之二。但色澤沒有陸地那樣光亮，是天生吸收陽光熱能的地帶。熱帶的海域所受陽光熱能比溫帶高，吸收熱量自然高，溫帶又比寒帶要高，但水是流動的，形成暖流冷流，暖流由熱帶流向溫帶和寒帶，冷流從寒帶流向熱帶，循環對流不息，令寒帶的水域也得到所需熱量，海產得以生存，對維繫海洋生態起着決定性作用。

海洋除了面積廣闊外，可說既廣且深。陸地卻可說只有平面，雖有高

山，但與吸熱沒有多大關系，與海洋深處相比便差得遠了。因為深淺程
度不同，吸收能力也就各異。陽光的熱力對海水的穿越能力，是直接影
響海洋的藏熱量。目前還是在積極研究中，海洋水量之大，所藏熱量便
比大氣層高出千倍。科學家研究所得，過去五十年來，海洋吸收所增熱
量達到十再加上二十三個零的熱量 (joules) 單位，這相等於燃燒40萬億
噸煤所發放之熱量。以今天的瘋狂耗用量計，需時八千年。地球根本就
沒有這麼高的存量。史書上常說「海內外為之沸騰」，要激起人民把火，
煮滾海洋，暴政之慘烈可知！

海洋吸熱規律 —— 未明

水的自然性質是吸熱慢，散熱也慢，給沿海地區帶來海洋性氣候，冬暖
夏涼。這種對熱吸散緩慢的性質，科學家稱作「thermal inertia」。水受
到加熱自然升溫，但從加熱到升溫卻很緩慢。這正是地球暖化問題中最
難預料的一環。海洋不斷吸熱，吸了多少？最終會升溫到哪個地步？這
可說是海洋給我們一點時間，但我們卻不知是多少時間。這少少時間便
是讓人適應未來或及時痛改前非。

水 —— 與海洋相比，水偉大得多。除了解渴外，其重要性高深莫測。除
了江河海洋外，水份也充斥在大氣中，令人浮沉於悶熱與清爽之間。是

否能載舟還是次要，最重要還是乘載地球上所有生物。說是普渡眾生，實不為過。能為人帶來風調雨順，也可以是橫風暴雨。各地區空氣中所含的水份高低便因氣溫而異。氣溫越高，蒸發越甚。所含的能量正是推動及形成氣候以至日常天氣的主因。

江河覆蓋面積很是有限，風雨卻可把水帶至更廣大地區，如《正氣歌》中所言「雜然賦流形」，江河不到的地區也可得到地下儲存而來的雨水。沙漠中的綠洲、深山中的水井俱受其惠。崇山峻嶺、苦寒之地也受風雪之惠。絕嶺之上，終年積雪，但四時寒暑總是依從時節融解，灌注江河。世上名川，大小江河俱受其惠。沒有水，世上一切生機也不用談了。

木 —— 除樹木外，這裡也指一切水陸花草植物。除了可當柴用之外還有更重要的作用：首先是防止水土流失，此外也是飛禽走獸棲息之所，亦能調節氣候等等。

十八世紀，英國一名咖啡室常客Joseph Priestley，是一名吹水家也是科學家。常常摸着杯咖啡高談闊論，有所發現必定公諸同好，大有天生我才難自棄之氣概。佛蘭克林（美國立國元勛，總統）也是聽眾之一，他當時還只是一名英國皇家郵局職員，可知大時代，隔離左右的人將來可以是非凡人物。他興致勃勃的談論新發現的一種氣體，無以為名，稱之為「天地狂氣」，Wild Gas。此氣體可以幫助燃燒又可維持生命，他以老鼠花草作實驗，發現草木可散發出這狂氣。最

後法國人Antoine-Laurent Lavoisier繼續研究完成這「狂氣」的整體面貌，最後稱之為氧氣（oxygen）。可惜他在科學上聰明有餘卻政治智慧不足，也不知是否站錯邊，時值法國大革命，充斥白色恐怖、大清算，被認為對革命有威脅，在斷頭台上身首異處。Priestley還好少少，於美國獨立革命期間移居美國並受到莫大禮遇，最後也是狠狠萬分，暴徒湧至，僅以身免。但卻是宗教迫害，與政治無關。

草木稙物除了發放氧氣外，另一同樣重要的功能就是在生長過程中行光合作用時吸納及儲藏大量二氧化碳。燃燒草木時，或草木腐朽的時候便是吐回二氧化碳的時候。而在水陸邊緣滋長的草木更能夠過濾水中雜質毒素。今天各地力保江河入海及沿岸的沼澤不單是為了助長雀鳥、青蛙及水蛇等生物。當然在大自然中，草木植物本身便是無數生物的糧食，生物之中，亦各自拾級而上成為其他動物的食料。

千載此刻，得來何價

價廉物美，代價奇高

總的來說，要現代化的生活便需要工農業生產來維持。半個世紀以前，全球人口約二十四億，享有現代化生活的主要是美國及西歐的人民，總數不出四億。那個年代的現代化生活跟今天相比又差了一截。美國，以歡世界聞名，還是以每個家庭擁有一部私家車來鼓舞國人。冷氣、彩色電視還只是開始普遍，遑論電腦手機。今天美國的不是之處，世人隨手可拾，但講到歡世界還是以美國為榜樣。一窮二白如中國、印度只有低頭仿效，也可稱作與外國接軌。可需接軌的可以是精神文明、社會文明、物質文明，也可以是單單其中物質部份。

北京奧運，又喜又傲之餘，不能不讚嘆這個物質世界的燦爛。觀之也

不能不另有感悟。不錯，百年宿願，終於得償，2008年北京奧運果然矚目，為世公認有史以來最成功最輝煌的奧運會。還不過二百年，由「洋鬼子」進天朝面聖，繼而向「洋鬼子」割地賠償及至奄奄一息而全民皆兵。幾經轉折後終於躍身成為世界工廠。除了對民族作一個交待外，今次重返國際舞臺實在也足以作為一個慶典而宴請全球。怪不得各國譽北京奧運為中國的「coming out party」。一點不錯，切合「東亞病夫」久病痊癒。出院後擺福爵宴請親友街坊一番。

各國給足面子，共192國參賽。看各國參賽健兒精神飽滿，喜慶洋洋進場，可知他們多股切為國參賽為國爭光，繼往開來。其中圖瓦盧（Tuvalu）、瑙魯（Nauru）等南太平洋島國的健兒出場時跟其他各國一樣，興高采烈之情不減我們，隊伍雖小但不減熱情，這不會是他們最後的一次參賽，只是或許不久將來或不能再繼往開來，在北京奧運後可能沒有多少次參賽機會。因為國土正面臨淹沒危機，無立錐之地。雖與貧窮無關，但命運則一，海洋的水平線正逐步上升。其他很多低窪地區同樣面臨淹沒威脅，最常聽到的如美國佛羅里達州、孟加拉、荷蘭等地。而茫茫大洋中之世外小島（不是荒島，卻備受忽略）如圖瓦盧、帛琉（Palau）及吉里巴斯（Kiribati）等等，卻慢慢的在地球上淹沒。因為南北極的千年冰塊急速融化、令海洋水位上升。

連香港也不幸免。此話怎說？雖多面環海，我們倚山而成，箕踞而傲，回歸後，更背祖國，如何有難？過去五十年間，地球所受的干擾比過去五十萬年所造成的總和還厲害，這再不需什麼高深科學理據，我們在

香港正日夜呼吸着，感受着。世界其他角落也正受到或面臨不同程度之
影響。科學根據也好，世上蒼生的感受也好，地球生態的健康狀況再不
需科學與不科學的爭論。人們現在一年四季正日夕捱受着。在此以前，
不一定天下太平，人人發達，但作息有時，四季有序，是否風調雨順大
概是最大決定是否災難的因素。壞的時候，也不一定世界同時風雨失調
糧食失收，而是不同地區局部受到影響。災難性的風雨災害，常常被稱
作「百年一遇」、「數十年一遇」。短命一點的，一生人，四、五十歲命，
可能一世也遇不上一次大水災、旱災。要福壽雙全，或可遇上一兩次。

今天我們不用福壽雙全，無論你家在何方，大旱、暴雨，總可遇上數
次，或更多。你在好運的或「進步」的地方，只會是百般不便，如歐美
的嚴寒暴雪，令交通與經濟活動嚴重受阻。運滯與「落後」的，可不能
同日而語，生計甚虞、水源水土流失。說是苦不堪言，實在太輕描淡寫
了，如部份非洲地區，中國、印度亦然。

近年，豪雨越來越頻繁，突顯了海洋水位上漲對香港的威脅。渠務署
高級工程師劉勝昌曾於2012年向報界表示本港排洪能力隨着海洋水位
上升而大降。部份地區如元朗將容易出現洪水為患。據天文台顯
示，1954至2011年間，香港海平面每十年上升28毫米，還預料今後數十
年不斷加劇。

上文提到，2008年北京奧運，圖瓦盧、帛琉、吉里巴斯均有派隊參加。
他們都位於太平洋中央，鄰近赤道，澳洲算是最近的大陸，距離比香港

至哈爾濱還遠，地勢平坦而低，僅比水平線稍高，氣候宜人，物產豐富，有如世上各民族中神話內所嚮往的天生天養的樂土。那裡民風純撲，與世無爭，沒有什麼工業，更與環境破壞或污染扯不上關系。正是民康物阜的世外桃園。他們不久前才開始參加奧運，今後恐怕也沒有多少次可以參加，連國土家園也從世界上消失，令人感嘆。

若所消失的是自己國土家園的一部份，那便很不一樣。

2003年夏天，歐洲酷熱，三萬多人死亡，比全年交通意外死亡人數還多。

2010年八月，俄羅斯酷熱，莫斯科周邊久旱大火，空氣嚴重受污，一日之內七百多人因而斃命。

2011年中，華中久旱，影響遍及湖南、湖北、江西、安徽、江蘇、浙江等地。良田多呈龜裂，河道湖泊乾涸，鄱陽湖、洞庭湖等水量劇降。到六月初，豪雨驟至，武漢一地降雨量一小時逾三億噸（相當於兩倍東湖正常水量）。眨眼間，由抗旱進入防洪。真是一日間，水深火熱也給倒置。所致原因，全球氣候變化只是其中之一。這是給人民一場切身感受的體驗。

地區	受災人數	災情
湖北	990萬	受旱農田2000萬畝，嚴重龜裂。21.6萬口塘堰乾涸，主要湖泊蓄水量比正常同期少七至九成。
湖南	111萬	受旱農田1064萬畝，洞庭湖面積少去三份之一
江西	111.8萬	17萬頭大牲畜食水不足。鄱陽湖面積只剩六成。
安徽	87萬	269條小河斷流，276座中小型水庫乾涸。
江蘇	88萬	受旱農田900多萬畝，洪澤湖乾至死水位以下
上海	不詳	罕見鹹潮，達七次之多。是地質性危機。鹹潮已是嚴重警示。

我們聽聞所知的災難多數是發生在有名的地區，其他如非洲、荒島小國，什麼不毛之地便少為人知了，也被人忽略。處於歐亞之間的鹹海，汪洋如海，英文稱作Aral Sea。千萬年來，不知養活多少人，如今只剩下一片沙洲，漁船荒棄其間（棄船逃命，可想乾涸之快），有如沙漠行舟。若不是多得「啊哥」（Al Gore，前美國副總統）在《絕望真相》（*An Inconvenient Truth*）中介紹，不會有多少人知曉。九十年代末期，小小島國圖瓦盧發現海水從地下湧出，跟以往不同，歷久不退，千禧年後還發生過海水氾濫起來。他們沒有他處可逃。2009年於哥本哈根世界氣候大會上，他們代表呼籲各國正視氣候危機。結果很是合理，卻不合情。小國寡民，自然沒人理會，也不見報。各大國仍然熱烈互相切磋推卸自己的責任。

氣候惡化，所引致的災難與問題目前還很表面，可預料的和不可預料的，或更深遠的將變得更嚴重和頻密。災難來臨，無國界之分。可以發生在圖瓦盧，也可以發生在美國、中國。但世人的態度好像只有發生在大國的災難才值得惋惜，可稱是一份很不健全的同情心。數十萬年來的氣候雨水分佈構成今天的地理面貌，現在急促劇變。有朝一日，不久將來，美國佛羅里達州大半淹沒，古巴輕微水淹，美古之間的水域重新釐定之前必有一番是非。各國公認的海洋法，以三里為海域，經濟海域為二百里，以海岸線作準，以中線為界。目前美古相隔最近處約九十里。到時可能是百五里或二百里不定，是非之多不言而喻。但不用孔明再世，也可料勝敗屬誰。但其它相交國若勢均力敵，要解決便艱險得多，甚或兵戎相接。

「地球暖化」一名是一個很溫馨的誤解。世上差不多所有文化都給予溫暖正面的意義。隨口的如：溫暖的家庭、春暖花開、室暖如春、溫暖在人間、heartwarming（令人窩心）、house warming party（入伙酒）、warm welcome（熱烈歡迎）等等。要不是有個溫暖的地球，什麼世界也不用談了。說起來，這道「溫暖地帶」很是狹窄。以零度為中位數，人類與及地球一切的動物植物只能在零度上下至幾十度之間生存。出了這生存的「溫暖地帶」，那便是真正浩瀚的宇宙溫度，可以是零度以上，零度以下無窮無盡。可知我們的溫暖地帶不可多得。所以若地球反常的暖起來，超越這狹窄地帶，小則大禍臨頭，如目前，大則天地不再相容。

各國若不從速採取行動，後果難料。除了部份地區不受影響甚或得益

外，大部份地區將受到災難性的影響，只是慢性而已。更沒有人肯定自己正是受益那個。

但香港跟中國大部份地區肯定不會是得益那個。就以香港為例，人煙稠密，屏風樓縱橫，交通擠塞，人車爭路。不用甚麼溫室效應、地球暖化，已嚴重影響日常生活。由踏出家門一刻，便可深切感受。汗流浹背外，令人透不過氣，空氣的污染嚴重影響健康。日日如是，一年比一年差落去。怪不得數年前在港工作的「外籍人士」或通稱Ex-pat及外地報刊紛紛指出：若再不加改善，將影響香港對世界的吸引力。我們香港人出聲，卻毫無影響力。強勢外國人士（南亞人、菲傭等好像不算數）開聲，才算事態嚴重。

見到其他地區面臨或不斷惡化的環境生態問題時，我們所受的只能算是小小不便。

對地理有興趣的或全無感情的人也深知南方種稻米，北方出麥，再上便是長白山之類的地區，草原、山林千里。不久前，還是東北猛虎出沒之地。這還不算是苦寒之地！？要問蘇武（不是蘇俄）才知，那個出使匈奴被扣留後在北海（今稱貝加爾湖，因歐美通用）牧羊、食羊毛、飲羊奶，那裡是西百利亞（可能是鮮卑族廣泛散居的地區）。依我國國情來說，這是不毛之地。但依氣候環境，還是有其獨特的動植物繁衍其中，而且欣欣向榮。

美國作家Ian Frazier在他的 *Travels in Siberia* 便多有令人嚮往或回避不及的記述。蚊蟲來襲時，是名符其實的風湧而來，有如一幅黑紗蓋過來。在林區中見到連綿不絕貨車運載的盡是老年大樹，需兩三人才能環抱。在北海東面湖濱暢游時，空手捉到一尾大如手臂的鮮魚，他的當地朋友所捉的更大，想來蘇武以漢武帝的特使之材，自有聰明智慧飲羊奶食羊毛之餘，夏季期間可佐以湖上鮮。文天祥的《正氣歌》中所提及的蘇武節正好大派用場，一矢中魚，一物二用。這小鎮名叫巴古鮮，離烏蘭烏德（Ulan Ude）只數小時車程，但路途卻十分顛簸。

西伯利亞，如此嚴酷的境地，一直是帝王、獨裁者（如自稱革命家的史太林）剷除異己的天堂。其實它對萬物這麼寬容，讓萬物叢生，各適其式，欣欣向榮。這是氣候使然，氣溫便是重要一環。

熱帶北移

地球溫度不斷上升，熱帶地區自然變得更熱。亞熱帶地區依次躍升至熱帶才有的溫度，如港澳及兩廣，其他地帶也順次水漲船高。以溫度而言，北京再不會給人嚴寒的北國風光；長白山也為之失色，可能十年才得一睹積雪的神態。蘇俄的廣大鮮卑族人地區以至北極邊緣，不再冰封千里，可能是偏地泥濘，萬物叢生。這不是預言，是現況發展下的科學

推斷。中港學者經年深入研究。如梁鋼教授史粗略推算找國西北，東北將趨乾旱，沿海卻熱浪頻仍，風雨成災。

我們跟世上多數的民族發源於北半球，並以此為中心觀看一切事物。一跨過赤道便是南半球，溫度走勢也是一樣。不同之處是他們則向南走，若依北半球人同樣的心態而論，是南上而不是北上。位處南美的巴塔哥尼亞高原（Patagonia）也可能跟長白山一樣也為之失色。澳洲中部的沙漠也可能變作沼澤。至於南極，則冰封地帶越縮越細。

熱帶也登高

香港高樓大廈處處，但對什麼是天高地厚的體會不多。群山之中，要數大帽山，還不過三千尺。上午拾步而上，下午便可返回元朗，還可趕及特價的下午茶，其幅員之大，可想而知。我們的昆侖山，西起青藏高原，延綿數千里而直達中亞，才算有點瞄頭。喜馬拉亞山，橫跨中印巴、尼泊爾、不丹等國，幅員之廣，氣勢之峻足配珠穆朗瑪峰箕踞其上。西歐的阿爾卑斯山，細小得多，但還是身跨數國的大山脈。非洲被稱為黑暗大陸，其實並不黑暗，是歐洲人妄自尊大，對之貶稱。其中吉力馬扎羅山（Mt.Kilimanjaro），風光明媚，萬物叢生，位處熱帶而山上終年積雪。遊人要攀行幾日幾夜才可到山頂觀賞雪景。北美的洛基

山脈及南美的安底斯山脈，各自雄踞南北美洲西部。這等名山，也不是浪得虛名。山腳地區氣候可供人生息繁衍，不少還是孕育文化之地。往上一點的地區，清涼一點，氣候更宜人。是享受閒逸之好去處。再往上去，景物給人無限暇想。山水人物向來都是文化主體，故也。這些年來變化越來越明顯：吉力馬扎羅山已接近禿頂，尤以夏季為甚。喜馬拉亞山更時受報導，積雪也大大減少。但更直接的卻是氣候對高低不同的地帶的影響。山腳地帶比以前更熱，除了熱浪難煞外，一應草木或農作物也不能獨善其身，也必受到自然界的取捨。原本種稻米的，可能不再收成如往，應改種芒果。千百年來的當地農耕作業，豈可一改了之，又有誰知曉種芒果便是解決辦法。其他高一點的地帶也不再那麼氣候宜人。種蘋果的地方則要考慮改種稻米。再往上去，也由此類推，熱起上來。

崇山峻嶺除了是巍峨峻峭，供文人雅士玩賞、神仙出沒外，最實際之處往往是其地勢可視為天險，是關乎國家民族存亡的屏障。但人群未自我分門別類之前，崇山峻嶺只供神仙出沒而不是作屏障。它的天職卻非常重要──是作為蓄水庫，依四時，不分種族，緩急有序的供應。它不單是各大江河的源頭，更是世界各大文化的起源。它以不同形態收集雨水，其中很多便是來自終年積雪。當你去到巴顏喀拉山上雪嶺，見到冰川點滴融化，很難想像如此點滴成河。你用手去阻截它，它便不能前進，只有繞道而行。往巴顏喀拉山的北邊流走的聚集而成黃河，往南邊走的就是長江。天下江河點滴起，絕無例外。

今天的雨水分佈已漸漸呈現異象。根據科學家研究推斷，依現時趨勢，氣候繼續惡化下去，各民族千萬年來所賴的水源很有可能不保。中東的能源紛爭尾聲在望，但水源之爭，已在蘊釀。這是一場更世界性，更大眾化之爭。力爭上游，不單只是訓勉的話。新的戰略意義更為重要，截流成為新的戰略籌碼，未曾擁有截流權之前自有一番紛爭。

水的本意大概不是挑起人類的紛爭。人，原本就與萬物無異，見水就飲，拾到便食。它對萬物絕對公平，任君飲用。人對水的領受更高，除了解渴外，更達到「如魚得水」、「水到渠成」、「合符心水」、「柔情似水」之境界，這是其他萬物不及的。自從擁有權的出現，各人以「疊水」才是最高境界，水再不能自主，只有受人擺布。

江河往往流經千里或更遠大，首尾也往往是不同族群。住在下遊便真的只有俯仰由人。身處上遊的國家便真的擁有「制水」權。若能善用這「制水」權，王道與霸道，馬上立竿見影，哪用什麼公關及國際輿論？有什麼更能符合天地人心？講霸道，幾時及英國當年縱橫全球；美國雄霸世界，如今安在。大概只有王道才能長治久安，四夷賓服。當然這還距離世界大同很遠，但看到今天各國在爭制海權，連荒島，亂石也可以爭一餐。

總不能盡是反面的影響吧。人類不是跟天氣搏鬥了千千萬萬年嗎？！在寒冷的地方跟寒冷搏鬥，在炎熱的地方跟炎熱搏鬥。在大自然中，由原野中撿拾野果充饑，進而漁獵，而至今天以畜牧農耕定居下來。不斷適應新氣候環境，從中取利，不是行之有效嗎？不少專家也指出地球暖化

真的可替一些寒冷的地方帶來一點溫暖。而且又可為一些地區加長種植期，增加農產。各人都希望自己就是受益那一家。

一些報道提出，以現況推斷，北美、歐洲以至北歐暖起來後可能導致嚴寒的時日縮短，但種植期卻延長。其他地區多未見有關報道，也不知是否上天真的有心偏袒。本已炎熱的地區多是貧困不堪，現今熱上加熱，後果便很不一樣。不是用風扇、冷氣解決那樣簡單，也不是烈日當空下耕作之苦。如熱帶森林，萬物叢生，欣欣向榮。但炎熱的地方總是催生萬物，除了供人食用外，也可以是疾病的泉源。催生萬物當中也包括了微生物如細菌、病蟲及傳播疾病的昆蟲。

本已炎熱的地區，現今更易滋生疾病。原本氣候溫和一點的地帶，今後的溫度也輕易達到炎熱的地步。細菌、病蟲及傳播疾病的昆蟲是最熱烈響應地球升溫的一群。一些原本較為寒冷的地帶也受到其他病菌的嚮往。同樣，地處水平線地區的疾病也因應溫度的走勢而往高地帶處蔓延。

乾坤有變，洞天難存
Biosphere & Ecosystem

木、水、火、土，加上空氣，這個助長萬物生存的空間（biosphere）
有如一個密封的循環系統。合起來可說給人一個生存天地，缺一元素
不可。自古中外常有自負之士每以旋乾轉坤，支配世界為己任。這個
乾坤，雖然是密封，但大得很，人類至今才開始察覺到其重要性。
地球上每一地區，天涯海角，每一角落都有不同或獨特的生存小洞天
（ecosystem）。科學家還在努力探索這些形形式式的生態空間，這些元
素如何配合起來令萬物欣欣向榮。但可以見到的通常都是問題已惡化到
顯現出來的地步。某些魚類的瀕臨絕跡，如北美洲的鱈魚（cod）、長江
河豚、哇哇魚（其實是爬蟲類）便是。珊瑚的褪色、白化是死亡現象，賴
以生存的海洋動植物便相繼變得稀少或滅絕。平坦的小島，失去周邊珊
瑚的防波作用，便日趨受到淹沒威脅。我們喜愛的海鮮，不少便是來自
珊瑚的品種。但有辦法，總可找到別處供應，遠一點便是，有什麼大不

了。跟其他地區一樣，中國大片耕地受到沙漠化，耕地面積受到威脅。這便是多年來無限量砍伐林木的結果。近年才見跡象放緩。

每個洞天都可能是獨一無二，所處地區的土壤、氣候、雨量、江河湖泊分佈等等都是不盡相同。萬物要生存其間，便只有徹底適應，經過無數年代，同時也起制衡作用。動物界中，牠們的覓食對象其實就是負上制衡作用，大魚食細魚，弱肉強食，層層而上，形成覓食連環（food chain），保持各種各類動物繁殖平衡。所以在自然界中，也是他們的安樂窩。植物一樣如此，這個小洞天，維繫着內裡生態運作，萬物欣欣向榮，便是科學家們所稱「生態體系」（ecosystem），可以方圓百里，如中原地帶，也可以是彈丸之地如孤島雨林或溪澗水窪，各地特產土產之不同盡出於此矣。

日本鮑魚、澳洲生蠔、哈蜜瓜、廣東荔枝、桂林馬蹄，各地皆有特產。得來殊不容易，是天造地設的佳作。要破壞卻很容易，有意無意間，便可破壞無遺。流浮山盛產的蠔、東莞的季尾荔枝，都不復見，只留下甜蜜的回憶：蠔是鮮甜的，荔枝是清甜的。

新品種移植到新環境，往往會有意想不到的影響，多數是不利於這新環境，為害原有的一些動物或植物，繼而破壞生態系統。原因至為明顯，只有三個可能：拿上上簽的，外來品種可以輕易融入「新社會」，盡其本份，不擾亂秩序。拿著中簽，半途夭折，但未嘗嚴重地為害作惡。若瘋狂擾亂秩序，民斯為下矣，能否盡其本份已無關重要了。例如你從外運

來大魚，希望放到魚塘裡吃掉蚊蟲，但牠們很可能把地道的魚苗一併吃掉。這正是美國密西西比河一些魚農遇上的問題。

近年西方科學家不斷鑽研我們地球這個密封的洞天biosphere。內裡萬物之所以生存，實有賴萬物各自求存之同時，更要互相維繫這洞天內的一套自然規律ecosystem才可共存。它們不可能獨存，更不可能損它而幸存。五、六十年代期間，各地農業生產爭相報捷，各出奇謀。一些地區動員全民滅雀，如意算盤是到收成時，可免雀鳥所食，但沒有雀鳥來田野中食五穀時，也沒有雀鳥來壓抑其他傷害農作物的害蟲。美國密西西比河一些產魚區，為了保持產量，從亞洲輸入了一種鯉魚用以壓抑一些害蟲，卻弄至今天這種鯉魚橫行，侵害其他水產並波及廣泛地區。

每個生態體系，都是一批特定生物的小洞天、安樂窩，是經過無數世代適應下來的，與其他動植物共存、繁衍。中華海豚，千百年來暢泳於長江下游，今天三峽水壩完工，水量大變，生存環境日益嚴峻。水壩建於數百里外，下游的海豚便性命不保。江水夾帶的食料，便是沿江故有生態經千百年來千錘百煉所構成的，今天水量驟變，週期失調，賴以為生的一切，自然受損。生態體系中之一環失調，數百里外的地區也受牽連。居住在香港水域的中華白海豚（成長前呈粉紅色），據漁護處研究指出數目一直維持在二百條左右，這可算是政府的環保措施和漁農自然護理署的護理計劃的成果。南生圍，五、六十年代中港產電影取景勝地，雖是彈丸一隅，但見兩岸垂柳，迎風搖曳，倒影水中，漫步其中，鳥語花香，是香港僅有的一小片典型中國式詩情畫意。不但有江南水鄉風

貌，也是自然生態中一個小洞天的極佳範例。有朝一日，價高者得，這片香港的江南風光，從此告終。除了人類可享受之明媚風光外，內裡花草樹木，雀鳥昆蟲，皆是構成這風光明媚，生氣盎然的要素。牠們的要求，其實很卑微，天造地設的泥土，自然調節的水量便足以滋潤牠們，供給生計，不要把它弄翻便是。

人類社會常常以「價值」來判斷自然界的去留。以誰的「價值」來判斷？大自然的美態是否有「價值」？是否越來越多人欣賞，抑或越來越多人負擔不來才算有價？把一片大自然開成高速公路的「價值」又如何？窮鄉惡水，不毛之地是否真的沒有「價值」？鄉民如此貧困，也沒有什麼特產換錢，那片鄉土自然沒有「價值」。有朝一日，大小財團蜂擁而至，推土機、挖泥機有如螞蟻爬行其中。原來發現稀土含量豐富，那片土地頓時有價，鄉民馬上脫貧。但遠處的低地，沙石流日催嚴重，化學污水慢慢逼近，氾濫也比以前頻繁了，經濟損失也日趨嚴重。但今天的經濟社會斷定稀土有價，其他不用多說，什麼生態、自然美態、文化精神、生活質素只有靠邊站。

人力破壞

小有小的破壞，大有大的破壞。但規模越大，除了頭條新聞，大大隻字外，卻好像越與我們這彈丸之地無關痛癢。像2010年4月，墨西哥灣深海油井Deepsea horizon爆炸漏油，日夜不停歷時四個多月，數百萬桶原油染污數十萬平方里海域，破壞生態之巨，數十萬從事漁業、海產等人士的生計直接受到破壞。要令生態復原，為期難以估計。生態受到污染，一些海產生存受到嚴重威脅，甚或消失。幸存的生物就受到污染，含有毒素，並很可能代代相傳，不能食用。在這個覓食鏈中，其中一環中毒，便有如層壓式銷售網般，層層積壓而上。為害深遠，可以想見。

這類人為生態災難，通常不予人災難的感覺，好像不是死人塌屋便不配稱為災難。這是因為我們人類的行為標準要求太寬鬆了。地球上廣佈各處不同的自然生態區供不同動植物生存繁衍，讓人類安享其中，可算是白費心機。以往這類生態災難多是發生在富貴工業國、科技尖端國，有如身份象徵。多年來所聽聞的如西歐的北海油井事故、加拿大的Hibernia鑽油台沉沒、亞拉斯加運油輪擱淺，都是發生在富貴工業國。2011年，中國也發生了北海鑽油台事故，泄油污染迅速蔓延，水產受到嚴重破壞，水產業損失慘重。我國北海，不比北歐的北海擁有北大西洋及墨西哥灣之遼闊，那裡乃一半封閉的海灣，流通量也遠遠不及，所造成的污染影響將更為深遠。辛亥革命百週年，北海泄油污染與高速火車錯失可算是百週年紀念的小插曲，或有如近年流行口頭禪「溫馨棒喝」，力追先進國家也可算是百年宿願。近年總算燃點出一點希望，這

是千秋萬世功業，何用爭一日之長短！我們以力追先進國為己任，跟外國接軌，多少帶點自卑感，有點像跟尾狗的所為。污染能力已超過先進國家當年的水平，火車也越來越快以致從尾追撞，不能不說有點盲目追隨。

這一切在千秋萬世業之中，所佔的很是微薄。中國的一黨專權制其實也有其優勝處，不用跟隨人民感情用事。掌握到技術與資源，善擇時機應用便是。但這難得的一黨專權的機會卻被有如古帝王時代好大喜功的心態花掉了。

國族的福祉乃耐力賽，不爭朝夕。而今上下皆沸騰起來，沙塵滾滾，分秒必爭。孟子見梁惠王曰：「上下交征利，而國危矣」。環境的污染，健康的破壞卻可禍及千秋萬代。大頭奶粉、地溝油、漏油所至污染，一單比一單大。可以肯定以後還有更多更大。

茫茫海洋，有若一體，其實不然。各處有着自己的生態天地。最生氣勃勃的還是要數沿岸或水深不超過數百尺的大陸層礁。江河輾轉流經萬里後，挾帶各地特有養份入注大海，給沿岸帶來無限生機。中國海岸線之長，養育無數世代，其他世界各海岸線也是一樣。在北美洲對開大西洋中，是一淺水海域Grand Bank，乃世界產魚區，各國捕漁隊伍雲集之所。但真真正正在茫茫海洋中，連小島也沾不上的，卻有如海上沙漠，沒有什麼生物可言。遇上沉船，在海洋中浮沉待救的人士便有此經驗。飄浮期間，大魚、細魚也不見一條，「沙漠」程度可以想見。鯨魚萬里迢

迴順季節往返南北半球也要沿途覓食，不能遠離覓食之所。

大家都知今天的漁船，很多實際是海上工廠，採取「即捕即解」的作業，結果已令魚量大降。但破壞最深遠的莫如破壞海洋生態。這些捕魚工廠所用的魚網很是遼闊，動輒方圓數里。操作時拖着漁網縱橫漁區之間，所過之處，海底維繁生命的一切玉石俱焚，跟摧毀雨林無異。

歎世界的重擔

要應付現代化日益龐大的人口，今天的耗油量動輒上千萬桶。CO_2 從工廠、發電廠、海陸空交通等渠道日夜排放。工廠行三班制，行兩班的則為十二小時一班，電動車卻由發電廠代為耗油，污染空氣，永不落空。今天的工廠不單在歐美等富裕工業國，亦出現了貧窮工業國。生產同一樣產品，不同國家地區，生產的工廠也就大大不同。除了工資低外，環境成本更低，但當地付出的環境代價絕對不低。富裕工業國，人民普遍知識水準高，工資要求高外，社會上對環境的要求更高，是名符其實的矜貴一族，理應稱作富貴工業國。他們在工廠的設計上自然對環保考慮深切得多。時到今天，在考慮設廠時，經深切的考慮後卻決定選在貧窮工業國。全球一體化後，工廠便越來越多選在貧窮工業國建立，人民貧賤，工資可想而知，哪有空暇對環境深究。

富貴工業國的可貴之處在於環保意識與人民知識水準掛鉤。他們識用識歉外，也珍惜自然環境。這是高成本、高質素的生活方式。長期以來，全球便只有歐美等少數尖端國家，還不到十份一人口可享用這種昂貴的生活。今天在貧賤工業國中也有不少人富起來，但仍然不能與富貴工業國相提並論，原因便在於此。

高成本與高質素是不可分割的。要高質素自然要付出代價，此乃天理。低成本，高質素乃豈有此理。工業家、企業家從第一天開始便為此費煞思量。今天，全球一體化，貧賤工業國的出現才令「高成本、高質素」的生活方式，一改而為「低成本、高質素」並存。貧賤工業國為他們打開出路，成本大大降低，可負擔的人也大大增多，這些國家中的「有識之士」也可負擔起來，是名符其實的造福人群，世上任何革命的宗旨也不外如此。而貧賤工業國也終於「戰勝」尖端工業國，生產質量一天比一天臻於完美。成本更易處理，工人刻苦耐勞，不計工資多少，任勞任怨。生產力強等等以低工資取勝，低工資以外更有其它的也不計成本，大勝特勝。八十年代，我們的製造業開始大量北移，大小工廠爭相「移民」大陸。驟然間變作經濟轉形，工廠工大量流失，製造業不成，卻製造出大量失業「低技術」勞工。國內那邊對「低技術」勞工的需求卻有如韓信點兵，多多益善，我們的工廠大兄只有死忍。在歐美進步國家可不輕易就範，他們也不一定上街遊行，而是更高層次──工會、廠商會、福利團體、壓力團體、國會議員（相等人大代表）、省府議員（有如地方幹部）等等，各出奇謀依法影響政府。偏偏貧賤工業國除了賤價勞工外，土地、水源保護、廢料處理，資源等等考慮一概從寬。工業安全，社會

環境盡可將就。歐美富貴各國為了盡量減低對自己工業界的影響，也就要求外判國的承辦商提升工人待遇、工業安全、環保及廢料處理等各方面的付出。先不談其出發點，其實這並不是刁難，他們對自己的工業生產就是這般要求，而且更高。若不是他們指定的要求，幾乎可以肯定外判國及承辦商不會自動提升工人待遇。工業安全、環保等等，這也大概是經濟一體化意外帶來的普世價值。

很可惜，貧窮工業國做起事來講快手快腳，要做便做，搞甚麼囉囉唆唆的環境評估。歐美各地常見的，一紙令下，environmental　assessment（環境評估）便遠遠超過上述考慮。當然也不是所有國家奉行，首先，普遍人民要有一定知識水平，工商界要有社會責任的精神。當然也要有忠誠的政府執行。但若政府忽視人民的意願，這就易辦得多了，可以就甚麼都不用談。

三思而行

一紙「環境評估」說似嚴肅，其實很生活化，甚至趣味盎然，閒話佐茶皆宜。發電廠興建時選址便很熱鬧，其他大型建設，上至機場下至賭場、開發油田、鋪設油管，影響所及，往往由窮鄉小鎮的生計而至跨國界利益。各類機構，有為民的，有為財的，以科學態度，以煽情手

段或遊說技倆各顯神通，既熱鬧又吵鬧。投資與經濟發展自然是天大的道理，但今天已不再是唯一的決定因素。廉正的政府，往往處於兩難局面，一旦設立一個「環境評估委員會」，由官商組成（不同官商勾結），也有來自基層民眾，多少也減輕了壓力。負責任的評估會絕不單是飲茶傾偈，考慮層面既廣且深，動輒數年之久。批評人士指為費時失事，浪費公帑。一點不錯，所以通常只有民知高的進步國家，富貴國家才用得着。可以說是奢侈品的一種，但最符合天地人心。

污染淺釋

棉胎好比大地，再沒有更好的比喻：你如何富貴也不會年年換新的。若每日早晚倒一滴水於棉胎中，過了三數天，你會發覺全無異樣，也摸不着半點潮濕。再過三幾個月，也不會有什麼顯著異樣。以棉胎之廣大，滴水算得什麼。若早午晚一滴，過得三數月後，不難發現有水漬了，甚至感覺到潮濕和異味。若勉強用下去，一年半載後，大家可以想像。嫌慢的，改為每小時一滴，見效更快。我們改滴餸汁又如何？不難變作百味被。若改滴小便，就算是自己的不要別人的，那更容易想像。

棉胎非比大地，大地卻不能換新的，無論人類多富貴。人們滴下什麼，傾倒什麼只有慢慢滲透他方。給予時日，可達遠方。天長地久，歲月無

躬，總有一天找到府上，上丁樓與否，一視同仁，公平得很。今天倒在隱蔽處或荒山野嶺的猶勝餕汁小便，但更快、更多。來自大小企業，有普通廢水、工業污水、重金屬、化工廢料、生物排泄，沒有一件不損害人類及其他動植物的，倒在溪澗江河，所經之處，見效神速。

不要以為遠在內陸，他方國土，便不受影響，這只是視覺上的錯覺。民智稍高一點的地區，早就對廢料棲身之所，垃圾崗之訛稱，嚴加慎重考慮。雨水落到堆填區，便有如泡茶一樣，越耐越濃。什麼最新最有效「橫隔膜」，通通只能在歲月面前低頭。

今天一些較為後進的國家也認識到其重要性了。這實在是百年大計，政府通常只訂出方針、時間表而已，以盡收集思廣益之效。考慮層面務求大小無遺，例如選址不能以為荒山野嶺便一定沒有問題，若鄰近河流溪澗，廢料及污水排放便嚴重影響下游地區，雖然是溪澗小河，最終多是匯聚於較大江河。若是需要大量抽取地下水的產業，地下水位的流向走勢會否影響鄰近水井的存廢？對現有居民生計、社區生活有何影響？生計方面，是否把他們買斷，便是一了百了。社區生活，數十年或數百年來，供人安居的地方，甚至有其獨有的風土歷史，一定有其價值吧，如何劃定取捨關鍵，又或者只需移山填海，與人不大相抵觸。山林相依，山去，草木何能獨存？山去之後，肯定令現存陸上生活出現不同，連同飛禽走獸也不能幸免，不能只有大熊貓才值得珍惜。填海後，靠海維生的，影響更甚。

我們都知山水是資源，很多時不用加工，便可供人享用。世上所有文化

都以山水冠自然之美，說是公共資源也太俗套了，除了給人幹活外，更能與人心靈相通。不單是作假日之遊，也不一定要作山盟海誓的佐證，日常給人舒緩精神，在今日緊張繁忙的生活，真不可多得。修為高一點的寄情於山水之間，如古人所說「醉翁之意……在乎山水之間」，情繫之切，可見一斑。地無大小，各地多有人們感情的表記，將民間生活精神表現出來。在中國的廣東省寶安縣的香港新界的沙田便有一奇石，經千萬年來吸收日月精華與當地人士的風土生活精神相結合而成「望夫山」。香港只是彈丸之地，尚且有其「感天動地」之處，其他地方可以想見。希臘尤其豐富，也豐富了整個西方社會文化。印度人對恆河，黃河之於中國，皆文化精神所繫。人類有文化以來，數千年山林池澤卻被帝王權貴所壟斷。有朝一日，為人民服務是必然結果，問題只在何時到來而已。

細水長流，濫用遺恨

近二百年來，工商業傲視一切，消費主義犯濫，只要跟工商業與消費掛鉤的便受歡迎，通行無阻。但同時，江河流逝，山去林毀，置精神文化於不顧外，連生存條件也遭輕視。礦藏若是淺而易見的，把它挖個翻箱倒櫃，易辦得很。採礦機械動用上來縱橫數千頃，成本效率很高，但所及之處，玉石俱焚，山林溪澗，盡皆移平。出土後煜煉時還需用上其他化學毒品，例如黃金，其中一法便需用上山埃。山林提供珍禽異獸棲

總之所，溪澗池澤所哺育的一切也不再重要。因為開採出來的，無論是煤、鐵，或其他礦物都是供工業所用，生產人們各樣消費所需。

為滿足現代生活所需，產品不斷推陳出新，很多時產品之所以能夠改進或新產品之出現是因為新物料的應用。以天地之大，新的物料時有發現，金銀銅鐵錫相繼出現後，金屬、非金屬等礦物更是不停的在世界各地日夜開採。稀土中所含的稀有金屬便大派用場。電腦、手機便非用它不可。連擺在眼前的泥沙，在二千多年前被羅馬人用來製造玻璃後，到今天又發現它可用於晶片上。任何礦物，還未被發現的，只是遲早問題而已。還未成為有用的，終有一天可大派用場。百年前，哪裡有什麼鈾238？它卻成為結束二次大戰的關鍵。五十年前，稀土即是爛泥，今天視其所含何物，最貴的可稱一斤搏千金，真的爛泥有價。由石油到礦藏至沙石。大地上所蘊藏的是否真的無窮無盡，很難說。但現代生活所需無窮無盡卻是可以肯定。坐食山崩，山上山下日掘夜掘，由石油到礦藏至沙石，一言以蔽之便是無止境，而人口還在不斷膨脹。

貧賤工業國的行列本來很短，行走緩慢。二次世界大戰後三、四十年還只是什麼亞洲四小龍，所造的很小兒科，不外製衣、玩具、膠花、假髮之類。今天這個行列越來越長，很難看到龍尾，而且步伐也越來越快。在龍頭的更快，隨後的爭先恐後，好不熱鬧。就是這樣，加多加快，耗油量幾何級的跳升，CO_2的排放也相應跳升。可供開採的蘊藏量已用了過半，所餘一半卻要應付今天幾何級的耗用量。可用多久，不用專家相告，大家可粗略一算便知。

大禍臨頭，與我何干

每天早上起牀，太陽還是從東方升起，東方紅，絲毫不減。令人關心的只有天氣陰晴、交通，不能遲到。不用科學家、什麼專家相告，大家也可斷定大禍未到。自然可舞照跳，馬照跑，CO_2照放，只有屁，此可忍熟不可忍。

一般專家以目前走勢推算2050年的景象，因為CO_2的累積導致的氣溫升幅、冰雪的融解程度、海洋水位等如何如何日趨嚴峻。這類報道雖然時有見報，但有心人士閱讀起來，驚駭之外，一般以「只能發生在別處」視之。況且這條新聞如何與金融股市、上街遊行或天災人禍相爭。就是水災旱災，死人塌屋也不能予人切膚之痛。舞照跳馬照跑，好像災禍只能落在他方，別人身上。自然談不上什麼大禍臨頭。

天地有情，也會天地無情。除火山爆發或火星撞地球般突變外，其他變更都是緩慢的，給足預早警告，絕不朝令夕改。科學家研究所得，早期地球大氣層中氧氣含量僅有0.0001至3%，生物只能在缺氧情況下生存。約二十億前一種細菌cyanobacteria（真正的劃時代細菌）盲打盲撞的以陽光行光合作用吸收CO_2維生同時排放氧氣，並不斷積聚起來，危害了原本在缺氧下生存的生物，只有能適應氧氣的才可生存下去。氧氣不斷積聚至今天的21%。在適者生存下，各種各類的生物也以適應氧氣不斷進化繁衍。今天的一切生物，包括我們人類，也就是當時那些能適應的後代。

人類的生理構造，自然不是依我們的意願所能改變。天地宇宙之人，變幻莫測，人之在天地宇宙之間，渺小不過。正如課本中，《莊子．秋水篇》中一段「人之於中國，中國之在四海之內，四海之在宇宙之內，尚不能及九牛一毛之末」。人，渺小如此，還是有其可為之處的，就以歷史還未及記載的，由茹毛飲血到鑽木取火再到加衣強飯，到今天的樓房工廠，人們匆匆穿梭其間。由足跡遍全球到支配地球一切，這一切一切由頭至尾，還不到二十萬年。以宇宙間天長地久計，與之相比，還不及江南小調末節中的最後一個音符。

這千千萬萬年中，很多方面在變，地殼、氣溫、空氣成份、地球運行、磁場轉移、反射陽光能力。生物只能以適應或進化求存，天長地久有的是時間，這些變遷不爭朝夕，以宇宙的年歷計算，動輒千萬年。可是如今，人類出現，還不到二十萬年就已改變地球一切生物所依的條件。

迫切，或可來得及

就以人類過往的作為，大概也可以改變地球目前的暖化處境。雖然很是迫切，但一部份科學家認為還可來得及，只要……

最直接了當是抽去空氣中的CO_2。廣植樹林是最符合大自然的做法，花草樹木有生一日，都在不斷進行光合作用吸收CO_2而生長。古木參天，數人環抱的，所藏碳量最多。樹林越茂盛，越持久，相應越能減少CO_2在大氣層中浮游。

森林面積

百年前，人們一踏出鄉鎮便是草莽、綠林、江湖。草莽英雄，綠林好漢，至今他們的事蹟，真人真事或想當然的仍然震撼人心，中外皆然。今天樹林的消失只有震撼地球生態。

森林覆蓋陸地總面積約三份之一，達90億畝，主要分佈中、美、俄、巴西、剛果、印度及印尼等等。今天只剩下相當於三百年前的一半。但仍不斷受到強大壓力。每年有一百萬公頃以上的森林遭到砍伐，年前印尼墾植棕櫚樹前，焚燒原始森林數以萬頃。煙火閉天，遠及新加坡，航空交通大受影響。這還是小巫見大巫，真正大宗的其實在加拿大、巴西、亞馬遜河雨林和中國及印度等等。據聯合國估計，只有三份一的森林尚屬完璧。巴西、亞馬遜河流域一帶被砍伐的面積要在黑夜從衛星觀察才可領會其遼闊之處。加拿大的倒是經規劃定期的砍伐，機械化、效率高。多是官商「互相諒解」後的結果，但效果卻是一樣，大片森林消失。無論官商「互相諒解」抑或土著自發性的，總之效果卻是一致──樹林的消失只有不斷擴大。

碳量交易

於是西方的智囊想出一個辦法叫「碳量交易法」(carbon trading)，是他們的致富精神與探索精神相結合產生的一種新商品新買賣。說穿了其實是買位的做法：是碳所分佈的位置，有如戲院座位，數量有限，要離座的可以依據秩序買賣。一些落後地區以大量砍伐森林維生，沒有人有權禁止他們生計，但可以以金錢買起部份地區或全部，免他們繼續大量砍伐排碳。買家可根據所免去的排碳量由自己工廠的排放補上，也虧他們想得出這個方法。「碳量」可以是正，可以是負。任何經濟生產，工廠也好，砍伐開墾也好，都在把碳的排放，增加空氣中的CO_2──是正數（＋）。你把沙漠改為森林，吸收碳氣，或不再砍伐開墾都在減少空氣中的CO_2──是負數（－），稱作「負碳量」carbon credit。如是者一正一負，如正量負量相若，可互相抵消達至平衡。一些國際認可的團體作為中介推動箇中交易稱作carbon trading。一些身處貧瘠地區的人不再焚燒砍伐樹木，改以墾殖樹林為業，從而減少CO_2而得到負量。他們同時鼓勵工商業機構採用這辦法，購買負量以供己用。這是工商業運作時對排碳所付出的代價，所得的，也正好作為開拓「負量」之用。要排碳，就要依增量付出代價。有人肯付出代價，重賞之下必有勇夫。正負數達至平衡時，大氣中的CO_2量便保持不變。一些有心人士當要乘坐飛機時便購買負量，一些工商機構也在這樣做，但個別人士比工商機構踴躍得多了。要達至平衡可不是朝夕之事，雖是一點一滴，還是有其鼓動人心作用。

消解方案之中只有歐美學術界獨領風騷。他們以科學精神，童真的幻想

所構思出來的，盡顯奇趣，不一定切實際，有些甚至令人掩嘴不及，但

令人不得不折服。

千帆吐霧

研究團隊構想下的孤帆吐霧。（©John MacNeill）

鐵扇公主的巴蕉扇可以潑熄火焰山，所以孫悟空想要借用。西方的科學家工程師也同樣想到，而且要更大的巴蕉扇：把大風帆當巴蕉葉用來吸收CO_2。這個構想不需什麼科學上的修為，是異想天開，狂想曲。他們想到了，以科學精神配合，大有可取之處。風帆吸CO_2見左圖。

構思來自火山爆發。爆發時，火山灰滿天瀰漫多月甚至經年，史上多有記載，近一點的有冰島及菲律賓。火山爆發除了帶來傷亡破壞外，也帶來肥沃泥土。更受氣象學家所注意的卻是它令地球氣溫驟降。科學家從研究火山灰的效應而發展出噴霧一法，所用物料的效應與火山灰的相同：降溫。但要廣泛的大量噴霧，在茫茫大海中，可以為所欲為。可以噴霧的風帆大小設計由人，風帆由無數的微細人造機械組成，這些裝置仿效火山爆發效應，日夜吐霧，只是沒有吞雲，猶勝火山。火山不可以遷移，帆船想去哪裏便到那裏。要多少便製做多少。這樣千帆並舉，CO_2的問題指日可破。

仙女散遮

研究團隊構想下的廣布太空上的太陽遮。

中國神話故事豐富，絕對不亞於希臘或任何其他民族。由女媧煉石補青天到孫悟空向鐵扇公主借扇，又什麼仙女散花、嫦娥奔月、后羿射日。相信其中不少若加上科學精神，或可挽救地球危機。這裡便是另一個很好的一個例證。偏偏外國宗教指是迷信，各人爭相追隨，由敬祖至一切信念，盡被拋棄。這個仙女散遮雖然不是源於我們的仙女，但意趣雷同，把美麗的鮮花散下凡間。構思以反射太陽光和熱為目的，在地球萬里以外的太空，視乎所需，散布千千萬萬的太陽遮，各自由電腦控制，自動定向面對太陽，把光和熱拒於千里之外，減少到達地球的光和熱，達到適量降溫的目的。人們恥笑嫦娥奔月怪誕，又有誰估到人類成功登月。后羿射日，剩下一個，到今天還是太熱，從天外擋住太陽也是辦法（見上圖）。

陽光穿越太空直達地球，再透過大氣層而到地面。其間三份一折返外太空，如此打了個七折後就是我們所得到的陽光和溫暖——約每平方公尺342火（電燈泡的強度）。也虧那些科學家想得出把千千萬萬的「太陽遮」用火箭分布萬里之外以作遮陰，直接把陽光途中攔截。

鐵沙海

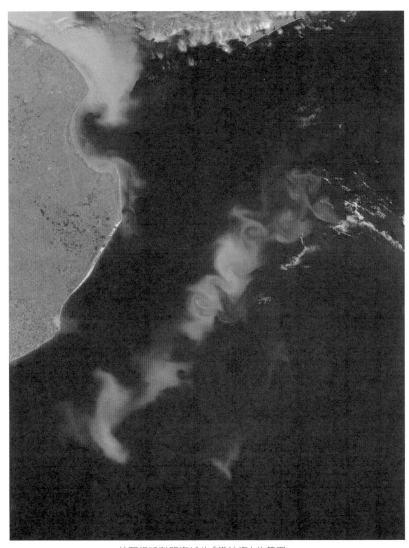

於阿根廷對開海域的「鐵沙海」的範圍。

睇頭稍遜外，卻另有奇趣，想來不一定源於鐵沙掌。構思在於利用海洋表面的藻類（algae）的生存方式，把鐵沙粉末廣散海面，造成讓algae滋生的優越環境，使之迅速大量生長。Algae是植物，很微細的單元細胞，大量聚於一起時，便成大片污穢的綠色漿糊，最常見於淺灘及低窪沼澤。作為植物，便吸CO_2呼氧。據Bei Wang、Yanqun L、Nan Wu、Christ. Q. Lan、Usui & Ikenouchi等學者研究所得：它們吸收CO_2的效果是十倍至五十倍勝於一般陸上或水中植物。過程中還帶過濾作用，可濾去氮、鐵、磷等雜質。行光合作用時也同時吸收大量陽光熱能，所以也可煉成上好生化燃料。可說經濟效益甚大，如此在海洋中大灑鐵沙便可促成這樣環境，從而大量吸收CO_2以減溫室氣體。從衛星圖片（見左圖）可見，位於阿根廷對開的南大西洋海域的「鐵沙海」長達數百里。

更多更奇趣的構思將不斷出現。可能沒有單一的裝置可以徹底的消除過剩的溫室氣體。實際上這是一項世界事業，任何構思受到廣泛應用，便是直接造福人類，及至整個地球生態，功德可在和平獎之上。

那邊廂更多人力物力投放在另類能源的研發。

另類能源

另類能源所指的是善類能源，以不含碳為上，含碳量低的次之，也有不含碳但帶有後遺症的。

含碳或低碳，不用鼓吹，遲早都會自行絕跡。目前碳本能源還是首選，儘管世人紛紛指責為溫室氣體之首，但各國政府、私人資金、科技才俊還是傾力以赴。以前輕而易舉可得的，今天才領略到是真真正正的不可多得。只有往深處看，採難行道，發展所及，從海底深處到荒漠油沙等等，務求取得最後一滴。這個目標，絕對不是奢望，而是指日可待。業內人士、專家早已指出石油的總蘊藏量快已用了一半。人類大肆耗用石油還不到二百年，近一百年所用便較前一百年多得多，近五十年又較前五十年大多特多。據統計，單是近五十年來使用了過去二百年來總和的約90%。你同我，不用專家，也可推算出，還需多少時日便完全用罄餘下的一半。天然氣和其他含碳量較低的能源所面臨的狀況也是相若。

若要用完餘下的一半，所排放的CO_2，不用計算也可想像出來。後果明顯不是任何人所樂見的，包括政客及石油巨頭。偏偏他們更擔心的是用完餘下的一半後，用什麼來維持經濟生產，繼續發展。到時，能源的面貌是怎樣。

五十年代，中共建國不久已有垃圾發電之舉，可惜這項先見之明早了

五十年。那個年代，貧窮的所謂第三世界哪裡找來足夠的垃圾來發電。衣服鞋襪都是兄有弟恭（排隊恭候）或父傳子的。牛奶罐可以換餅乾夾麥芽糖，買豉油需自備豉油樽。如此世界，何來足夠垃圾？歐美各國正在慢慢步入天堂樂土，世上萬物，取之不盡，用之不竭，管他什麼垃圾發電。今天，西歐各國，如瑞典、德國、荷蘭等對垃圾發電冠以新科技的名號，創意無限！五、六十年前中國在百無之下，以垃圾發電，被歐美各先進國家嗤之以鼻。現今瑞典、荷蘭等國久不久便推銷他們最先進、最環保的設計。其實說什麼先進，垃圾內所含碳量有數得計，永不能超出。試想想那些可供循環再用的物品，如衣服鞋物、舊傢私等，因為沒有去路而遭掉棄。這些物品都含碳豐富。一些公私機構都可計出碳量。經焚化發電時，天然流失熱量的結果，所得可用的能量便打了折扣。碳是能量唯一的來源，要多發電便要多垃圾，要多發電便要優質的垃圾，即是高碳垃圾。說實的其實是焚化爐加裝渦輪及清洗部件。近年我們不是天天都在聽到，如雷貫耳般，要低碳生活，少垃圾嗎？

畢竟電還是要發，垃圾還是滾滾而來，中心問題倒是在清洗部件。焚化垃圾時，除了放出二氧化碳外也放出毒氣和含劇毒的微粒。試想想那些精美物品的裝潢、食品、家庭用品的包裝多美觀。但是，大多含有有毒素的物料。燃燒時不是炭飛煙滅、一了百了，而是浮游天地之間，供人呼吸。所以不妥善清洗，為害日後乃必然的。但清洗只能永遠在改進中，新的過濾器一次又一次推出，卻永遠不能徹底。

最為人樂道的概念有「再生能源」和「可持續發展」。「再生能源」是指可

以週而復始、循環不息的能源，用以填補碳本能源用完後的空缺。「再生」是指與天地長存、無窮無盡或自然生長，週而復始的續下去。「可持續發展」指的是經濟，無窮無盡的發展下去而又不傷天地，不傷天地便是不破壞不污染。

再生能源

生化燃料Biofuel —— 以植物、動物脂肪來熜煉燃料這方法悠來已久。古時，中外各民族早已有用油點燈照明，攻防戰陣。今天，除了照明、戰陣外，更多用在交通運輸方面。生物燃料的概念是希望以種植把能源永遠延續下去，不像煤碳或石油等碳本能源，挖空之後便永遠失去。巴西早已掌握了以甘蔗煉成機車酒精以代替石油，多年來供車輛使用。美國近年也致力研究以粟米為主的燃料供車輛使用。隨着能源供應緊張，研發範圍更為擴大，連荒野的雜草，後園的野草以至沼澤的花草也打上主意，以發酵及其他生化過程熜煉出柴油及其他工業運輸燃料。

這類燃料的中心思想在於排碳問題上保持不增不減。如所有植物一樣，這些植物之所以生長全靠吸收CO_2，應用時燃燒的時候把原來生長時所吸入的CO_2釋放出來，所以大體上並無增減，對現今空氣中的CO_2量不加壓力。另一方面，可以長種長有，有無窮無盡再生之利。有望供應某程度能源的需求。

世上一枝針，無兩頭利，可預見的是越來越多土地改種能源。不需多久連種植糧食的農地也將受到蠶食鯨吞並直接威脅糧食供應。地球上的陸地，可供耕種的很是有限。以中國之大，耕地僅佔約百份之十六左右，所以自古中國人有不斷開荒的文化精神。這是人口壓力所至，衣食尤關的問題。以今天的世界人口課題，為部份人的快捷方便而向有限的耕地打主意，很不符合當世人文價值。

有機廢料Bio-mass —— 植物渣滓及殘餘食物經集中處理化作人工的天然氣。大自然中，人類涉足不到或用不着的地方，樹木草叢及各類動植物便自然生長，欣欣向榮。新陳代謝過程中留下大量殘餘，加上人為的更為可觀。收集這些殘餘後經化解發電，過程在無氧化解器anerobic digester中產生。這其實是自然界中植物腐化的現象之一，腐化的植物在新陳代謝中大量積聚，其中接觸不到氧氣的便受到一種細菌侵食腐化而散放易燃氣體——甲烷。這便是缺氧菌，現在大量收集後加速控制處理，把大量散放易燃氣體收集起來發電。這令人聯想到垃圾堆填區，較新一代的堆填區需設有一項安全設施，用以收集易燃氣體如甲烷。因為那是高度易燃氣體，具爆炸性，所以一般的堆填區多設在遠離人煙的地區，而不是堆填區需要心曠神怡。

太陽能 —— 太陽能就是最就手的能源之一。八十年代「太陽能計算機」（solar calculator，無需電池）首先應用，紅極一時。今天很多公營、私營設施都用上了。在歐美，甚至一些普通人家庭也用上了。這是上兩個世紀的科學發現：當陽光照射到一些金屬表面，刺激內裡電子產生微弱電流。今天的技術大致上已掌握了那微弱電流，而發展成太陽能電池。理所當然，歐洲是箇中泰斗，但近年國產的太陽能技術及相關器材技術，在質素上已漸次匹敵歐美。特別是太陽能板（把多個太陽能電池串連起來）所佔世界市場的比率更是驕人。

傳統一點的太陽能技術，便是集中陽光，以熱力發電。在沙漠之中，廣佈無數反射鏡片，動輒方圓百畝，陽光挾其熱力集中反射到一高台上的

發電裝置。這樣陽光不斷，發電也就不斷。所謂傳統一點是指原理而已，在運作上，時至今天自然是全部電腦化。反射鏡全天候緊隨不斷移動的陽光角度，務求分秒不差，陽光點滴無遺。

很明顯地，在熱帶地區，陽光最為充沛。地球兩極陽光差得遠了。越近熱帶的地區，陽光也就相應的越充沛。也許是人類造化，地球上大部份的陸地都緊貼赤道，人口更絕大部份散居於赤道南北五十度之間。太陽能之所以是首選，在於其異常靈活，應用上來不需驚天動地，移山截流，小至一戶一主也用得上。太陽能電池的使用，更是靈活十足。由三兩電池連在一起的板塊供電燈用至數千塊舖滿大形建築的頂蓋，供冷氣及其他用途。

風力發電 —— 遠遠在發現電力之前，人類早已以風力代勞。用上風帆便不用划艇，過年時風車還可助轉運或增添希望。數百年來，荷蘭的風車不停磨粉外還點綴着綠野、小河，使人樂於親近。摩登一點說，是原野上的有機裝飾。今天的風車不可同日而語。設計上，刻求效率效果。風車的轉動，本身已是發電時最重要的程序，效率上佔先天性的優勢。除了選址外，風車的設計由車葉至主柱都刻盡科學要求，線條及造型是否美觀見仁見智，車葉的目的是盡量套取風力，配以電腦調控，可緊隨分秒移動的風向，強弱調整方位。正如變相的超級農場，選址也漸次受到嚴密審慮。其中對人對生態便是最受關注。

水力發電 —— 這是最古老不過的技倆。借水發力，以水代勞，千百年來

行於中外，獲益不淺。舟車之不同便是：車以人畜為力，舟則以水代勞。除了運輸外，也可就地取材，在河邊設置磨坊，附近收成，可就地磨粉付運。發電一事，實屬多餘。最後還是給人類發現了：「力」就是能量。任何一種能量可轉化成另一種能力：河邊水力可轉化成電力輸送到百里外，給你亮燈或啟動機器。北美在尼加拉瓜大瀑布的首台水力發電廠，也是世界最早（時為1881年），便是這樣促成的。

水力發電在廿世紀前半期已廣泛應用，當時沒有什麼環保能源危機，是人力勝天的另一鐵證，也是科學萬能、人類智慧的表現。基本上是在河道築壩節流，就地起座發電廠、引水衝過渦輪發電，如此而已。但工程浩大，只有美蘇及一些進步國家能做得到，也是他們專有的政治本錢。到今天，工程的奧妙其他國家也知道了或用錢買得到了。連不良效果也在很不願意知道的情況下都知道了。真是正中inconvenient truth。

水力發電，通常離不開建水壩。第二次大戰後，水壩建設更是如雨後春筍。今天世界各地，不論貧富地區也遍布水力發電廠。它的優點顯著：首先，不會污染空氣，符合環保要求。其次它更關乎國家民族福祉，可調節流量以利灌溉、防洪、防氾濫和航運等等。水流不盡，取之不竭，是真真正正的「再生能源」和「可持續發展」，也真的造福不淺。它也是政治病特效藥，是雄才大略，有魄力的證明。比發動戰爭，藥性王道得多。

二十世紀後半期人類有更多發現：水力發電的先驅，歐美各國逐漸認識

到所謂的水壩壽命。河流水道，是綜合地理現象，不單是個別上氣候雨水，更是難以捉摸。

可以捉摸到的：首先是水在壩前，不斷充斥下，河牀越來越淺終於不能用下去，需要不斷挖深。江河之水夾帶而來的是泥土養份。氾濫是災害，氾濫也帶來肥沃土地，中華文化就是建築在這樣的氾濫上。其他如恆河、尼羅河、多瑙河、幼發拉低河等不能盡錄。哪一個不是文化搖籃？沒有氾濫，也就沒有沃土，也不會有人去受這氾濫的災害。人總是只要沃土，不要水災。這就是聖賢站出來的時候，夏禹的父親治水不成，賠上性命以謝罪天下。到他自己成功治水，國人謝以天下，這是後話。今天科學倡明，只要能源，不要災難或可比當時夏禹容易一點吧。

水壩建成後，上下游被腰斬至完全面目全非，上下不再相連。經此一隔，水量截然不同，水溫也急促大異，直接影響河面闊度及四季中所波及幅度。下游除了水量大減外，所夾帶的養份也相應大減。最受影響的自然是以往江河中的一切生物，巨細無遺。千百年來，自然界精心塑造的生存秩序受到破壞，覓食條件大變。千百年來的覓食秩序突變，當然是大災難。沿岸為生的大小動物也頓失生計和棲息之所。今天長江下游的湖泊，境況有目共睹，令人憂慮。洞庭湖、鄱陽等長江流域湖泊，湖面大大縮小，水深大減。直接影響生計，水產、什麼湖上鮮也大不如前。小如雀鳥昆蟲乃至其他卑微生物，看似無傷大雅，實乃生命泉源，萬物所依覓食秩序的起源。水壩開關排放時又是另一強大催毀力量，千萬噸水，數百尺凌空而下，玉石俱焚，又有哪種生物可支撐

下來。這還只是人為罷了，若遭非人為的加上一腳，如地震、暴雨，情況便有如福島一樣，給天災加添一個肆虐的機會。

水壩初成，總是能達到眼前目的，而且多是耀眼的。要數的，首選自然是美國的水利工程。但說實在點只得兩味：開鑿水道和築水壩。在美國東部山區田納西州一帶的田納西谷計劃和加州的水利工程均帶來經濟發展，為世人稱頌。今天，那些計劃及工程遺留下來的又是另一番景象。以遊客身份視之，不失為偉大工程。但它們的功能壽命早已完結，生態破壞卻長存不朽。田納西谷計劃（TVA），胡佛水壩也差不多要棄置不用。近年，由於民間日趨醒覺，政府列明越來越多河流禁止築壩。

海洋發電 —— 世界各地沿海地區都有潮汐，一些地區上落差距很大而且急速，蔚為奇觀，如加拿大東岸沿海一些地區。有差距就有能量，正如電流一樣，電子只可從高向低流，稱作位差（potential difference）。我們所見到的變壓站警告牌宣示電壓動輒以萬伏計，就是把位差提高而已，流到我們家內的約二百二十伏。海浪亦然，我們在港內港外所見的算什麼浪，最受人談及的要算北大西洋，特別是他們所稱之北海部份地區，無風也百尺浪。科學家們正向這方面全速研究。

海洋是百川匯集之所，而且天然的不停在動，波濤起伏，潮汐漲落，本身就顯示了能量不盡、永恆，隨便取用可也。取用海洋的潛能是遲早必行之策，但不是隨便可得。潮汐漲落看似乾淨利落，將所起水位上落之差轉為電力，是目前致力研發的項目。但還只限於研發階段，波濤起伏的

幅員越廣越好，也就造成水位上落之差。但總不能把大浪灣封起來或把英倫海峽圍上來吧？！這些都是稍為大浪的地區，但都會不被接受。其他浪不高，或風浪太高的地方，以目前的技術，還有一段距離。說到尾，還是擇易而從，正如去摘荔枝，自然先摘最就手的。

地熱（Geothermal）——顧名思義，就是地下本身存在的熱能。不只是溫泉咁簡單，除了讓人歡世界外，善用之，更可供免碳發電，善莫大焉。它本身便是一自然奇觀，例如美國黃石公園的蒸氣噴泉令人驚嘆。但最大最有用的要數冰島國土上的地熱工業，除了可供遊人觀賞作溫泉浴外，更廣泛用作發電。一些特殊地區如冰島，地下噴出高溫蒸氣可就地取而發電。當今能源問題，冰島得天獨厚所受能源威脅最少。偏偏地球上人口眾多的地區就沒有這麼幸運。一年四季，寒暑更替，氣溫差異，往往令人難受，卻同樣要應付冷氣、暖氣的需求。但利用地熱，只要往地下兩公尺處便能令你冬暖夏涼。這裡的溫度是終年穩定，不大變動，若居住環境許可的話，往地下鋪設喉管達二十尺，利用水的對流攝取熱能調節室溫，住郊區的也可自行裝置。目前歐美正逐漸廣泛應用。

沒有能源供應是不可想像的世界，工業化的經濟社會便不能存在。社會上天天講經濟發展，如何開發另類能源不是空談。工商機構、各國政府也各盡所能、群策群力。雖然還是遙遙無期，但總有一天達到。

一朝解決能源問題，理所當然的便是舞照跳，馬照跑。花花世界永垂不

結 論

我們在這裡談了好一陣子歎世界與碳世界。當中不少內容大家自己也體
會得到,只是平日交談中,吹水中沒有把它搬上枱而已。今天你們自己
早已體會到的,學者及科學家們已給你們證實了。下次與友人街坊故舊
相聚閒談大可把它搬上枱以佐談話之資,以饗知音。

給你們佐證的包括:

香港天文台

聯合國氣候異變議評會IPCC (Intergovernmental Panel on Climate Change)

《大英百科全書》的氣候專輯。

《大氣候危機》(*The Climate Crisis*,David Archer著)

《絕望真相》(*An Inconvenient Truth*,Al Gore著)

等等。

自人類出現以來，就一直在改變世界，最初只是爭取生存，是很卑微的要求，跟萬物無異。但很早很早便有一小撮人有得歎，今天很多人也有得歎，不是比二三百年前公平得多嗎？甚至一百年前。是經過擲頭顱灑熱血換取來的，不是靠乞求帝王權貴，何錯之有？

千百年來，帝王權貴就是不許我們歎。這二百年來我們終於從他們手上奪取到歎權。我們委託當今生產召集人（資本家）負責生產我們所歎的一切。一路用碳生產一切，歎其世界。這數十年來，越用越快，越用越多。也不知是生產召集人的驅使，還是我們在驅使他們。我們有得歎，自然是受益者。他們有錢賺，更是利益所在。

以往，帝王權貴就是唯一的生產召集人，他們擁有山河大地一切，就是不事生產，也不讓百姓生產，不讓百姓享用生產成果。我們終於革掉他們，找來另一批生產召集人，我們真的或多或少享用到生產成果，至今不過數十年而已，但已歎開條癮，正是欲罷不能。我們甚至以錢財支持一批又一批的生產召集人，名曰投資，支持他們的生意眼光，嚴控生產營運，務求賺大錢。分到錢，繼續歎，多分多歎。這套生意眼光，嚴控生產營運方式是過去千百年來所養成的。可說是與當時的帝王權貴同步成長。

今天大家才開始了解生產的本質，它所需的條件、所引起的影響及後遺症。但是否真的積習難返？先知先覺的召集人自不會多，但後知後覺的，畢竟是有的。以往的一批生產召集人都被我們更換了，名曰革命。

今次要改變，不用乞求，不用革命，盡其在我，可以溫和得多。

結論正在等着你們宣示，但從來沒有人在等待你召開記者招待會或公布什麼宣言。街談巷議之中就有人們的宣言，多談多得，內容更充實，比多勞多得更實際。越多人談越具代表性。在我們日常閒談中加入這些內容，不單是增進趣味，更給各人抒發久蓄待發之見。坊眾、鄉里之中每有高人，三人行必有我師。集思廣益得來的，雖不中亦不遠矣。不可能你我盡皆相同，但有一點可以是一致的：歎世界與碳世界其實是互為因果而且關系緊密。說來未免帶點禪味，我們正是生活在因果中，今天我們活在不久前種下的果而已。你要科學一點的話；自然科學界近年用上一新名詞：anthropocene。Anthro，乃希臘文，意即人類，整個字的意思是指深受人類影響的世代，用以標示地球進入新世代，承接著史前時期的恐龍時代、侏羅紀等時代。

自盤古初開至生物的出現而演進至今，一路以來，所有動植物都受自然界規律影響、滋養。四十五億年後，今天卻深深受到人類所影響，很不可思議吧！若人類時代跟恐龍時代一樣毀滅收場，那就更不可思議。

但恐龍並沒有毀滅自己的時代。

後 語 一

香港精神

佛家所修的正是要洗滌凡塵所染，謝絕一切塵世上的引誘，煉就一副金剛不壞之身。就是醇酒美人、名車美食，統統刀槍不入。

我們見到的鐵金剛也同樣以洗滌世上陰謀罪惡為己任，享盡醇酒美女，上天下海，當者披靡。怪不得這個鐵金剛風行世界超過半世紀而不衰。歡盡醇酒美人，勝算連場，如何不令人艷羨。清除陰謀罪惡的工價就是歡，你能不歸信他嗎？

無論哪一版本的鐵金剛都時刻受到身外四周世界全方位的轟擊。無力深究之餘卻不自量力，涉獵所及：Dr. Linden所展述腦部神經對歡世界時

所受的牽動與佛家所指六識如出一轍。六識起於六受，六受源於六根，就是眼、耳、鼻、舌、身、意這六根令我們領略這花花世界。沒有舌根，算你有山珍海味、佳餚美酒，抑或甜酸苦辣，都味如嚼蠟，永無返尋味之樂。什麼山明水秀，五彩繽紛，沒有眼睛便如同一片空白，可省目不暇給之慮。你天生耳聽八方，便難得耳根清靜。東家高奏貝多芬時，西家輕唱《新陳三五娘》，問君如何取捨。我們就是這樣不停受到環繞著我們的事物衝擊而起意識，疲於取捨之中卻樂此不疲。

意識除了給人引發外，更是工商業社會動腦筋的地方。今天的社會不再是原來的工業社會，而是消費社會。還不到百年前，工業社會還是循規蹈矩的負起改善生活所需的任務。不知怎的，經Sigmund Freud所創建的心理分析學一門在美國受到重視後，這門研究心理與行為的因果關系被廣泛應用。美國威爾遜總統更成立一個公共資訊委員會（Committee on Public Information）。要注意的是：這是資訊，不同諮詢，用以向人民說明，也即是官方「喇叭筒」。其中委員之一Edward Bernays精心鑄製一簇新詞彙──public relations「公關」。神武有如關公，當者披靡。精確觸摸出指定的群眾的心理之後，對症下言，群眾一一應聲接受。經此發展，工商界自有「先知」將之拓而充之。Bernays的拍檔向工商界大力推銷一全新概念如下：「We must shift America from a needs to a desire culture…People must be trained to desire, to want new things, even before the old have been entirely consumed. We must shape a new mentality. Man's desires must overshadow his needs」。把民眾當作白老鼠般改造，大意說：「我們應該把美國人從『需要』的文化改為『想要』的文化。一

定要把人民訓練成擁有鍥而不捨的追求欲望，不斷消耗。要徹底塑造新
的心態，欲望一定要大過『需要』為止」。人由生活所需而生，「需要」始
終有限。人的「想要」卻可以天馬行空，豐衣足食的可更上一層樓而達
餐餐珍饈百味，有些通過魚翅撈飯而向更高境界邁進。吃喝更刁鑽，但
始終有極限，畢竟不能每天吃十餐八餐。身外物便大大不同了，天天耳
濡目染，幻想與夢想一天比一天豐富起來。

今天的豐富其實是消耗，消費之稱謂使它銀碼化而已。聽起來，有如經
濟中一數據，其中有違道德精神，卻大大的被淡化了。很多人已記不起
多久之前因破爛而要買鞋襪，電視機因有鬼影而要換新的。年輕一代的
更沒有這種經歷，個人喜好至高無上，是神聖的，負國家民族使命。有
錢，花得起便行。與別人何干。

要達到豐衣足食或者舒適生活已不再可望而不可及。以近數十年的收入
計，食物所佔開支不斷下降，衣著亦然。你不可能年年大裝修，換冷氣
機爐頭。也不大刻意儲蓄，反正永遠追不上樓價。但不知怎的，手上的
錢，總是入不敷出，或至四處張羅。卡數、乜單物單，源源不絕，卻偏
偏不是財源。什麼理財祕訣、生財捷徑，也幫不了你。其實，一般政府
已盡量薄稅或減稅，為的就是希望讓你留下多點錢去消費。不時縮減甚
至刪除重要的公共設施，甚或逃避社會責任，為的就是減少開支、降低
稅率。工商業保持競爭強勁。除了收取厚利外，或薄利多銷，平、靚、
正、多，繼續讓你買到周身債，摩登的叫「趴喺度」(shop till you drop)。
你已決定不去那個什麼瘋狂購物團了，很多平靚正的，當心中還是依依

不捨之際，救兵驟至。電視上播出什麼「易借易還」，還見到那位年輕貌美女士春風滿面，大袋細袋，欣喜不已。

這是一般社會現象。街坊中傾談間流露無遺，也不知政府是否真的不知道。

當然，政府也不比民眾高明。畢竟組成政府的也是人，無論是真民主，假民主。政府也不時胡亂採購、亂使錢。但最顯著的措施卻是薄稅，或不斷減稅。古今中外，薄稅就是德政。貪污其實是稅的一種而且深具有大細超色彩，最要不得。古時沒有公共設施、公共服務或社會保障。所徵稅收盡歸帝王一人享有，也不外用於廣建宮室、酒池肉林，繼續其奢侈糜爛的生活，或好大喜功的更不斷征戰，總之就是由老百姓一力承擔，說是苦不堪言已是輕描淡寫。薄稅就是帝王節儉，體恤人民，是老百姓的福氣，不是常有的。

今天的經濟社會讓資本家成為生產召集人，結合人力與科技而作生產。興旺與否，生產所得是大多數政府唯一財政所依，用以維持公共服務、設施、生產支援、提高社會質素。不斷減稅便只有削減以上開支。影響所及，不言而喻，有損整體社會健康。

社會質素首要自然是衣食足。這點我們早就達到了，而且很多人已豐足起來。整個中國也愈來愈多人達到了，成就不小。首先就是衣食，但總不能只在衣與食方面不斷向上膨脹，緊隨的就是生活上的行住坐臥。質

素是指高質素，也不單指市容、治安。社會是否真的公平，人人可以安居樂業，尺金寸土，與垃圾堆填區爭地便很難算得上是安居。工作機會愈來愈少，很難談得上樂業。公共行為及公民意識便更難維持了。

今天人們不愁衣食不豐，只愁買不到平、靚、正、多。這正是工商業生存之本，也是今天營商的殺手鐧。生產力、工作效率，常常掛在嘴邊。這也是除人力外，以科學技術支援所至。人力不再與生產所得掛鈎，人力所需愈來愈少，產量愈來愈多。人想要的也愈來愈多，卻負擔不來。

市井中不時聽到智慧之言：買了樓就是一世同地產佬打工。搵得多便使得多。說話掛在嘴邊，內裡拋到天邊。工作上，生活上，一切活動都是亦步亦趨，不能半點放鬆。分秒必爭，寸土必爭，不能出現隙縫，就是避過工傷，精神壓力卻永遠避不了。越有本事之人，越受多方壓力，當整個社會的人的心態都走上這樣的步伐時，人車爭路，人鬼爭地，你發展高樓，我要更高，任何空間不能放過。怪不得我們一有假期便蜂擁出外旅行，需要unwind或者recharge。一點也不誇張，工作和生活的地方已變成戰場。

經濟要發展，生活要改善，沒有人會反對。把自己家園變作戰場，商品無限量的增加供應，五花百門又重複的商品，大概不是發展經濟的原意。後果多是惡性競爭，損害社會健康。殖民地時代，帝國主義國家把別人的家園開墾成戰場，維護自己的家園作為樂土。今天，就是帝國主義國家也不能再任意把別人國土開發作戰場。我們香港人卻把自己家園

辟作戰場，蜂擁向外尋找樂園。這實在是多做工夫，少歎世界，大大有

違香港精神。

後 語 二

誘發編寫此書時，只從自身參與社會事務時略有接觸，卻感受良多，深覺不吐不快而已。到提起筆時，才體會到箇中一大困難。

這是為街坊大眾而寫的，捨中文其誰。但所能接觸的差不多盡是歐美所出的外文資料。有關氣候惡化、碳本能源的供求問題與關乎經濟發展所引發各類資源的問題很是複雜，西方社會對這等問題早已作廣泛探討及論述。想來在中國或大中華圈內也有相應的作為吧。筆者也曾嘗試尋找箇中中文資料，但所得很是有限。

本來，科學研究報道是無分國界，反正都以事實為本，別人花本做了，也省得自己花費心力。但問題是：在中國及大中華圈內，用中文的華人便失去了對這方面的認知。其實中國乃至大中華圈內各有關組織均有參

與這項世界性的事業。可從他們發放到IPCC及其他世界組織的研究報告、數據等便知一二。但所用的也全是英文。嚴格的說：這只是與人合作，向外匯報自己的實況，或研究結果，但就是不向國人披露。我國的專家學者在研究上所作的努力，所得的成果便不為國民大眾所知，遑論受到重視和讚譽。

China Meteorological Administration（中國天文總處）早在1949年解放時已設立並隸屬於Central Military Commission（中央軍委）下展開工作。其後獨立，直接隸屬國務院。至九十年代，世界各國相繼重視氣候及環境問題，我國更廣設專責部門向各方面作重點研究。其中便有：

- 瀋陽的Research Institute of Atmospheric Environment，
  專責對大氣層的生態研究。
- 廣州的Research Institute of Tropical Meteorology，
  專責對熱帶地區氣候的研究。
- 成都的Research Institute of Plateau Meteorology，
  專責對高原地區氣候的研究。
- 烏魯木齊的Research Institute of Plateau Meteorology，
  專責對沙漠地區氣候的研究。

等等……如暴雨、颱風、乾旱等極端性氣候的研究。

如此多方面的探討、研究，世界少有。美國便沒有自己的高原可供研究，俄國也沒有熱帶地區可作實地探討，其他小國更是等而下之。在如

此獨特的地理環境下投放了如此人力物力，一定得到若干成果，對深入認識這迫切問題有所貢獻。作為中華兒女的一份子應與有榮焉，卻無緣獲識。

有的，也只能通過向外發表後，從外國的書報上找到。這等書報在歐美的各大小書店中，俯拾即是。他們之所以能成書，資料自然豐富。除了有關學者外，一般有心人士或團體大可從容找到世界各國（包括中國）的研究成果及數據。但翻看中國的網頁時，卻是大大不同。作為普通一個中國人，需用中文網頁的話，那更不用說，更困難。在中國氣象局的網站，其資訊實在不少，只是與向外發放的內容不同。但不難發現當中凸顯了國家沉迷於對機密的考慮。在其「信息公開」一項規條中，第一章第十條寫道：「各級氣象主管機構應當建立健全政府信息發報保密審查機制……縣級以上……在公開政府信息前，應當依照《中華人民共和國保守國家秘密法》」。如是者，三令五申。寧枉勿縱便是必然後果。

這部書所引用的內容及數據絕大部份都是源自外國的書刊，充斥坊間，隨手在任何書店找到的資料。筆者以為：今天是何等世界，早已一體化，科學知識無國界。中國有關當局肯定也有同樣或更豐富的資料，但在國人面前卻步。

好奇心、虛榮心交戰之下，每每看到中國的火箭升空、成功研發隱形戰機，或所購航空母艦的試航，都不自禁的沾沾自喜。以為「天下之美唯盡在己」之淺見揮之不去。其實很多人早已超越此見。

其實中國以至大中華圈內的科學成就何只這一少撮。其中的研究人員對所探索的領域必有其好奇心的驅使。探索的動向、個別人員的研發心得、佚事，可供發人心省，富教育意義，其中也必定有很多趣味性豐富的故事。研讀金賽博士（Dr. Alfred Kinsey）對性的論著令人發愁，但個別對其中要義的引申論述，卻趣味盎然。不時可在報上娛樂版中，風月欄傍等身示人。

同樣大好科學材料，經廣泛流布，學堂、祠堂，同沾雨露。不用假手外人，普羅大眾、街坊鄉里可徹底了解我們自己的成就和認同自己的成就。這實在是知識上藏富於民，各國奉行普及教育，最終目的不外如是。民知高的國家人民，誰敢欺侮。丹麥、瑞士、小國寡民，誰敢欺侮。

參考資料

Pembina Institute: http://www.pembina.org/

Nature Conservancy Canada: http://www.natureconservancy.ca/en/where-we-work/ontario/

Greenpeace Canada: www.greenpeace.ca

The Independent Electricity System Operator: http://www.ieso.ca/

Agriculture and Conservation Department of Hong Kong SAR Fisheries. Marine Conservation in Hong Kong. Hong Kong: Agriculture, Fisheries and Conservation Department of Hong Kong SAR.

Archer David, & Rahmstorf Stefan. (2010). The Climate Crisis : An Introductory Guide to Climate Change. New York: Cambridge University Press.

BBC. (2003). Walking with Cavemen.

Climate & Clean Economy. Environmental Defence: https://environmentaldefence.ca/campaign/climate-and-clean-economy/

Diamond Jared. (2011). Collapse: How Societies Choose To Fail Or Succeed. New York: Penguin Books.

Ferguson Niall. (2011). Civilization: The West and the Rest. New York: Penguin Books.

Frazier Ian. (2010). Travels in Siberia. New York: Farrar, Straus and Giroux.

Gore Al. (2009). Our Choice. New York: Rodale Books.

Helm Dieter, & Hepburn Cameron. (2009). The Economics and Politics of Climate Change. Oxford: Oxford University Press.

Hernan Emmet Robert. (2010). This Borrowed Earth. New York: Palgrave Macmillan.

Hine Thomas. (2002). I Want That!: How We All Became Shoppers . New York : Harper Collins Publishers Inc.

Homer-Dixon Thomas, & GarrisonNick. (2009). Carbon Shift. Toronto: Random House Canada.

Johnson Steven. (2008). The Invention of Air. New York: Riverhead Books.

Linden J.David. (2011). The Compass of Pleasure: How Our Brains Make Fatty Foods, Orgasm, Exercise, Marijuana, Generosity, Vodka, Learning, and Gambling Feel So Good. New York: Penguin Books.

Maczulak Anne. (2009). Biodiversity: Conserving Endangered Species. New York: Facts on File.

Hong Kong Observatory. Climate Change in Hong Kong. Hong Kong Observatory: http://www.hko.gov.hk/climate_change/climate_change_hk_c.htm

Paskal Cleo. (2010). Global Warring. Toronto: key Porter Books.

Rifkin Jeremy. (2002). The Hydrogen Economy. New York: Tacher/Putnam.

Rifkin Jeremy. (2009). The Emphatic Civilization. New York: Tacher/Putnam.

United Nations. (2008). The United Nations Today. New York: United Nations Publications.

United Nations Population Fund. (2006). State of World Population. United Nations Population Fund.

Vriesde Jan. (2008). The Industrious Revolution: Consumer Behavior and the Household Economy, 1650 to the Present. New York: Cambridge University Press.

華文圖景（2008）。白酒品鑑百問百答。北京市：中國輕工業出版社。

明天國際編輯部（2012）。圖說中國歷史。臺北市：明天國際圖書有限公司。

南宮搏（1985）。花蕊夫人。臺北市：遠東圖書股份有限公司。

曾雄生、徐鳳先、傅海倫（1998）。中國科技史。臺北市：文津出版社有限公司。

華都匯（2008）。自然百科。臺北市：漢湘文化事業股份有限公司。